LERNPLUS+

DIE LERNHILFE FÜRS GYMNASIUM

DEUTSCH
7. SCHULJAHR

Schroedel

LERNPLUS+
Deutsch 7. Schuljahr

Autoren:
Dirk Kollhoff hat langjährige Unterrichtserfahrung. Er unterrichtet Deutsch, Geschichte und Philosophie an einem Gymnasium in Mecklenburg-Vorpommern. Er ist stellvertretender Leiter der Fachkonferenz Deutsch.
Angela Vahl hat langjährige Unterrichtserfahrung als Gymnasiallehrerin in Mecklenburg-Vorpommern. Sie unterrichtet Deutsch und Englisch, vorwiegend in den Klassen 7 bis 10.

ISBN 978-3-507-**23152**-8

Druck 1 / Jahr 2009

Redaktion: Ute Schröder, Dr. Christine Steinhoff
Herstellung: Dirk von Lüderitz
Umschlaggestaltung und Layout: Janssen Kahlert Design & Kommunikation GmbH, Hannover
Illustrationen: Sarah Burrini, Köln und Matthias Berghahn, Bielefeld
Satz: KCS GmbH, Buchholz/Hamburg
Druck und Bindung: westermann druck GmbH, Braunschweig

Liebe Schülerin, lieber Schüler,

Lernplus hilft dir, die wichtigsten Inhalte des Deutschunterrichts in der Jahrgangsstufe 7 zu wiederholen, zu üben und besonders die Themen zu trainieren, die erfahrungsgemäß viele Stolpersteine enthalten. Mit Lernplus kannst du deine Wissenslücken schließen, deine Grammatikkenntnisse verbessern und den Umgang mit Texten üben.
Alle Kapitel sind überschaubar gegliedert und alle Regeln werden Schritt für Schritt erklärt, bevor du sie in den Übungen selbstständig anwendest.

Training plus fragt dein Wissen am Ende eines Kapitels noch einmal ab. Mithilfe der insgesamt 99 Testfragen kannst du gut überprüfen, wie sicher du die einzelnen Regeln beherrschst.

Den **Abschlusstest** nach jedem Kapitel bearbeitest du so wie eine Klassenarbeit. In den Lösungen findest du eine Punkteübersicht, mit der du deine Leistungen einschätzen kannst.

In Lernplus gibt es außerdem drei besondere Elemente:

Die Regeln werden in jedem Kapitel verständlich zusammengefasst und anschaulich erklärt. Oft werden sie durch Beispiele ergänzt.

Hinweise, worauf du beim Lernen achten solltest oder wie du dir etwas besonders gut merken kannst, findest du bei den Tipps.

Weißt du, woher das Wort Computer stammt oder wann das Siezen üblich wurde? Für alle, die etwas mehr wissen wollen, bietet Info plus spannende Informationen oder Hintergründe zu Redewendungen, Wörtern oder Autoren.

Mithilfe der **Lösungen** im Anhang kannst du kontrollieren, ob du die Aufgaben richtig bearbeitet hast und wie viele Punkte du im Abschlusstest erzielt hast. Wenn du im Buch nicht genügend Platz für die Bearbeitung der Übungen findest, schreibe die Lösungen bitte in ein Heft.

Viel Erfolg beim Üben und Besserwerden mit Lernplus wünscht dir

das **Lernplus-Team**

1. Rechtschreibung

Es scheint, als ob im Zeitalter von Computer, E-Mail und SMS jeder schreiben könne, wie er möchte. Dabei ist es mehr denn je notwendig, die geltenden Regeln einzuhalten, um in offiziellen Schreiben eine gute Figur zu machen.

1.1 Schreibung von Wortstämmen

Regel

Lange und kurze Stammvokale

Bei der Schreibung von Wörtern ist es besonders wichtig, auf den **Wortstamm** zu achten. Er enthält entweder einen langen oder einen kurzen Stammvokal.

1. Dehnung

a) Ein **langer Stammvokal** wird häufig durch ein **Dehnungs-h** (ah, eh, ih, oh, uh) und manchmal durch einen **Doppelvokal** (aa, ee, oo) gekennzeichnet.
Beispiel: *fahren, Ehre, ihr, ohne,*
Uhr, Paar, Meer, Zoo

b) Ein langes i wird oft durch ein **ie** wiedergegeben, selten auch durch ieh.
Beispiel: *Liebe, Vieh*

c) In den meisten Fällen erfolgt keine Kennzeichnung der Länge des Vokals und es steht nur der einfache Vokal.
Beispiel: *Name, leben, wir, Tor, nur*

2. Schärfung

Nach einem **kurzen Stammvokal** folgen entweder **zwei oder mehr** unterschiedliche **Konsonanten** oder zwei gleiche Konsonanten (Doppelkonsonant).
Beispiel: *winken, Licht, wenn, Sommer*

1 Lies den Text.
a) Überlege, warum er schwer verständlich ist.
b) Schreibe die korrigierte Fassung des Textes in dein Heft.

Drei Viehrtel der hesischen Jugentlichen spiehlen teglich am Computer oder mitt Spiehlkonsohlen. Das isst das Ergebnis einer befrahgung von knap 3000 Schühlern durch die Fachhochschuhle Frankfurt im vergangenen Jaar. Demnach würden am Wochenende sogarr vier von fünf Kinndern im Allter von 11 bis 15 Jaren iere Freizeit mitt Computerspiehlen verbringen.

2 Unterstreiche den Stammvokal. Ordne jedes Wort in die Tabelle ein.

Bewegung – Hohn – Idee – Kontrolle – Licht – Lied – Mangel – Programm – Taste – Wecker – anlehnen – befehlen – ermüden – er sieht – verbessern – brav – sämtlich

Langer Stammvokal	***Kurzer Stammvokal***

3 Ergänze die Buchstaben und schreibe die Wörter richtig in dein Heft.
a) Entscheide dich für einen einfachen oder doppelten Konsonanten.

n/nn: Ke___tnis, Beka___tschaft, verba___en, ma___, mä___lich
l/ll: Fa___ter, fa___en, fa___s, Mü___, Hü___se
r/rr: ha___ken, beha___lich, a___tig, Schubka___e, Ka___te
m/mm: Zi___erpflanze, I___ker, insgesa___t, Sa___lung, Ha___pelmann
p/pp: Ti___, sto___fen, ho___eln, za___elig, Ho___fen

b) Entscheide, ob die Länge des Vokals gekennzeichnet wird. Ergänze gegebenenfalls die Lücke.

Ka___n, Ka___nu, Ra___m, ma___len, Mü___le, verfa___ren, Tü___te, mu___tig,
Sa___men, angene___m, Hü___nchen, Le___m, er zi___t, bedi___nen, Vi___rus

Tipp

Verben auf -ieren

Ein typisches Fremdwortsuffix zur Bildung von Verben ist **-ieren**.
Das **ie** bleibt in allen Verbformen erhalten.

4 Bilde mithilfe der Silben sieben Verben mit dem Suffix -ieren und schreibe sie in dein Heft. Alle Wörter haben etwas mit dem Computer zu tun!

ak – du – fi – grie – gu – in – in – ko – kon – lie – mi – mie – ni – pie – re – ren – ren – ren– ren – ren – ren – ren – rie – stal – te – ti – vie – zie

5 Vervollständige die Tabelle mit den entsprechenden Wortformen.

Infinitiv	Präteritum	Partizip II
reparieren		
	analysierte	
		programmiert
	registrierte	
optimieren		

6 Verwende Verben aus Aufgabe 4, um die Wortgruppen sinnvoll zu ergänzen.

einen Computer ______________________

ein PC-Spiel ______________________

neue Programme ______________________

das Betriebssystem ______________________

neue Komponenten ______________________

Fehlerquellen ______________________

den Benutzernamen ______________________

Dateien ______________________

Regel

Schreibung des s-Lauts

1. Bei **stimmhaftem s-Laut** am Wortanfang oder im Wortinnern wird **immer s** geschrieben: *Suche, Gehäuse.*
2. Der **stimmlose s-Laut** wird **nach kurzem Vokal ss** geschrieben und **nach langem Vokal ß**: *fesselnd, groß.*
3. Der **stimmlose s-Laut** wird dann **s** geschrieben, wenn ein stammverwandtes Wort ein stimmhaftes **s** enthält: *Laus – Lausejunge.*

7 Unterstreiche den s-Laut und ordne die Wörter in die richtige Spalte ein.

Fußball – Süßigkeit – heißen – Rüssel – blass – Interesse – Maß – Kuss – bloß – Ross

Langer Stammvokal	*Kurzer Stammvokal*

8 Setze *s*, *ss* oder *ß* ein. (Beachte auch die Großschreibung.)

Text 1: Univer__itätsklinik bietet Hilfe gegen Internet__ucht

__ie __itzen acht Stunden und mehr vor ihrem Computer. __ie i__olieren __ich. Die schulischen Leistungen la__en nach. Online__ucht, die Diagno__e. […]

Al__ Peter Z. vor mehr al__ einem Jahr von __einer Freundin verla__en wurde, brach für den Jugendlichen eine Welt zu__ammen. Tro__t __uchte der kontaktscheue 17-Jährige am Computer. […] Sa__ er zunächst nur ein bi__ zwei Stunden täglich vor dem Bildschirm, wurden es schlie__lich bi__ zu acht. Peter i__olierte __ich von anderen, __eine Schulleistungen lie__en nach. Schlie__lich zogen __eine Eltern die Notbrem__e und __uchten profe__ionelle Hilfe für ihren __ohn.

nach: www.welt.de/hamburg/article1682803/Universitaetsklinik_bietet_Hilfe_gegen_.../22.02.2008

Info plus

Die Bezeichnung Computer ist abgeleitet vom englischen Verb **to compute** (rechnen), was wiederum vom Lateinischen **computare** (zusammenrechnen) stammt.
Ursprünglich wurden mit dem englischen Begriff **computer** jedoch keine technischen Geräte, sondern Menschen bezeichnet, die langwierige und komplizierte Berechnungen anstellten, zum Beispiel die Astronomen im Mittelalter.

1.2 Groß- und Kleinschreibung

Regel

Allgemeine Regeln der Großschreibung

- Großgeschrieben werden Wörter aller Wortarten **am Satzanfang** sowie das erste Wort einer direkten Rede oder eines vollständigen Satzes nach einem Doppelpunkt.
- Großgeschrieben werden **alle Substantive** (Nomen). Jedes Substantiv besitzt einen Artikel und kann dekliniert werden (Kasus). Man erkennt Substantive auch daran, dass sie oft mit einem Attribut verwendet werden.

9 Untersuche in dem Textauszug alle großgeschriebenen Wörter genauer.

a) Unterstreiche zunächst alle großgeschriebenen Wörter am Satzanfang rot und alle Eigennamen grün.

Als sei es das Selbstverständlichste der Welt, sortierte Thomas – langsam, Stück für Stück – seine Kostbarkeiten auf dem Fußboden vor den Tischen. Die Anderen betrachteten Thomas' Treiben mit großen Augen. Was da alles zum Vorschein kam! Zuerst erschien ein kleiner Handspiegel, der mit einem goldenen Rahmen verziert war. Es folgte ein Schuhkarton mit Zigarettenspitzen, wie Miriam sie einmal bei ihrem Großvater gesehen hatte. Anschließend wickelte Thomas eine perlmuttbesetzte Puderdose aus, stellte einen antiken Rasierpinsel daneben, dahinter eine Porzellanpuppe neben einen Bierkrug, aus dem scheinbar schon die Ritter getrunken hatten. Natürlich waren alle Dinge defekt.

aus: Andreas Schlüter: Achtung, Zeitfalle. Deutscher Taschenbuchverlag, München 2002, S. 21 f.

b) Übertrage die Tabelle in dein Heft und ordne alle Substantive in die richtige Spalte ein. Unterscheide die unterschiedlichen Begleiter.

Substantive				
ohne Begleiter	**mit Artikel**	**mit Pronomen oder Numeralien**	**mit Präposition + Artikel**	**mit Artikel + Adjektiv**
Stück			auf dem Fußboden	

c) Welche Wörter konntest du nicht einordnen?

Regel

Großschreibung von Substantivierungen

- Als **Substantive** gebrauchte **Verben** (Infinitive und Partizipien) werden **großgeschrieben**: *ein Jammern, im Folgenden, etwas Gebratenes.*
- Als **Substantive** gebrauchte **Adjektive** und Wörter anderer Wortarten werden ebenfalls **großgeschrieben**: *allerlei Schönes, viel Neues, das Für und Wider.* Häufig wird ihnen ein Begleiter (Artikel, Adjektiv, Pronomen, Präposition, unbestimmtes Zahlwort) vorangestellt: *ein perfektes Englisch, kein Weh und Ach.*

10 Handelt es sich um Substantivierungen oder nicht? Streiche die falschen Wörter durch.

Schon von ***weitem / Weitem*** stieg ihnen der Duft von ***gebratenem / Gebratenem*** in die Nase und alle hatten einen ***richtigen / Richtigen*** Appetit. Beim ***näher kommen / Näherkommen*** sahen sie die ***gebratenen / Gebratenen*** Würstchen auf dem Grill. Des ***weiteren / Weiteren*** wurden ***verschiedene / Verschiedene*** Salate angeboten. So war für alle Gäste das ***richtige / Richtige*** dabei.

11 a) Bilde aus den folgenden Substantiven Verben.

Marsch – Probe – Kommunikation – Alarm – Interesse – Kurs – Grund – Tapete

b) Verwende die gefundenen Wörter als Substantivierungen.

12 Schreibe den Text in der korrekten Groß- und Kleinschreibung in dein Heft.

In seinem Buch „Achtung, Zeitfalle" beschreibt Andreas Schlüter, wie die vier Freunde Ben, Frank, Miriam und Jennifer auf einer Klassenfahrt nach Florenz in eine computeranimierte Cyberspacewelt geraten.

MIRIAM STAND MIT WEIT GEÖFFNETEM MUND DA. DIE ANDEREN RISSEN DIE AUGEN VOR ERSTAUNEN AUF. DER MANN GRIFF IN SEINEN MANTEL, HOLTE EINE DICKE BRIEFTASCHE HERVOR, UND NOCH EHE MIRIAM SICH VERSAH, HIELT SIE DREI GELDSCHEINE IN DER HAND. UNGLÄUBIG BLICKTE SIE DARAUF. […] NUR LANGSAM FANDEN SIE IHRE SPRACHE WIEDER. MIRIAM HATTE SICH ALS ERSTE WIEDER GEFASST. „WAS WOLLEN SIE DENN DAFÜR HABEN?", WOLLTE SIE DEN MANN FRAGEN. ABER ALS SIE AUFBLICKTE, WAR DER MANN VERSCHWUNDEN! VERBLÜFFT SPRANGEN ALLE FÜNF VOR DEN STAND AUF DIE STRAßE, LIEFEN IN JEDE RICHTUNG NOCH DREI, VIER METER, DOCH VON DEM ALTEN MANN WAR NICHTS MEHR ZU SEHEN. ER WAR IM GEWÜHL DER FLOHMARKTBESUCHER UNTERGETAUCHT.

aus: Andreas Schlüter: Achtung, Zeitfalle. Deutscher Taschenbuchverlag, München 2002, S. 25.

Regel

Großschreibung von Tageszeiten

- Die Bezeichnungen von **Tageszeiten nach Adverbien** wie *gestern, heute, morgen* werden als Substantive angesehen und **großgeschrieben**.
  Beispiel: *vorgestern Nacht, heute Morgen, morgen Mittag*
- **Achtung**: Verwechsele nicht die Adverbien *nachts, morgens, mittags* mit den Substantiven *des Nachts, eines Morgens*, die du an den Begleitern erkennst.

13 Schreibe die Wörter richtig (groß, klein, zusammen oder getrennt?).

jeden MORGEN früh aufstehen ____________________

FRÜHMORGENS ausgeschlafen sein ____________________

am FRÜHENMORGEN singen ____________________

HEUTEMORGEN verschlafen haben ____________________

seit SONNTAGMORGEN gute Laune haben ____________________

1.3 Zusammen- und Getrenntschreibung

Regel

Zusammensetzungen mit Verben

Verben können mit Präpositionen, Adverbien, Adjektiven oder Substantiven Zusammensetzungen bilden. Es gibt dabei sowohl **fest** als auch **unfest** zusammengesetzte Verben. Bei unfest zusammengesetzten Verben treten die Bestandteile in einigen Wortformen auseinander.

Beispiel: *Du musst mitkommen! Kommst du mit? Sie sind mitgekommen.*

14 Bilde die Stammformen/Leitformen jedes Verbs.

a) Ergänze die Tabelle.

b) Welches Verb hat zwei verschiedene Stamm-/Leitformen? Ergänze die fehlenden Formen in der Tabelle.

Infinitiv	Präteritum	Partizip II
auffallen		
teilnehmen		
übersetzen		
vollbringen		
wohlfühlen		
nachsitzen		

Regel

Getrenntschreibung von Wortgruppen aus Verb + Verb

Wortgruppen, die aus Verb und Verb bestehen, schreibt man im Normalfall **getrennt**.

Beispiel: *stehen bleiben, liegen lassen, tanzen gehen*

Die Getrenntschreibung bleibt auch bei der Bildung des Partizips und dem Infinitiv mit „zu" erhalten.

Beispiel: *In der Schule habe ich mein Hausaufgabenheft liegen gelassen.*

15 Kombiniere die angegebenen Verben und ergänze die Sätze sinnvoll.

bestehen - bleiben - bleiben - einkaufen - gehen - gehen - gehen - gehen - kochen - lassen - lassen - lassen - laufen - liegen - sitzen - spazieren - stehen - tanzen

Du kannst ______________________ und dich entspannen.

Er muss auf seiner Forderung ______________________.

Lass uns wieder einmal im Park ______________________.

Meine Freundin freut sich immer, wenn sie mit mir ______________ kann.

Du musst die Suppe richtig ______________________.

Der Reisende hat seinen Laptop im Abteil ______________________.

Tina darf bei ihrer Freundin übernachten, weil ihre Eltern ______________.

Paul will ab sofort jeden Sonntag ______________________.

Du sollst nicht überall deine Sachen ______________________.

Regel

Verbindungen mit *bleiben* und *lassen*

- Verbindungen mit ***bleiben*** und ***lassen*** dürfen auch zusammengeschrieben werden, wenn sie **in übertragener Bedeutung** verwendet werden.
  Beispiel: *sitzenlassen - Das will ich nicht auf mir sitzenlassen.*
  liegenbleiben - Die Arbeit ist liegengeblieben.
- Bei der Verbindung aus ***kennen*** und ***lernen*** sind beide Schreibweisen richtig: *kennen lernen - kennenlernen.*

Regel

Getrenntschreibung von Wortgruppen aus Adjektiv + Verb

Wortgruppen, die aus einem Adjektiv und einem Verb bestehen, werden **stets getrennt** geschrieben, wenn das Adjektiv **gesteigert** oder **erweitert** werden kann.
Beispiel: *Du musst heute dein Zimmer sauber machen. (sauberer machen / sehr sauber machen)*

16 Entscheide dich für die korrekte Schreibung.

Alle Substantive werden ***groß/geschrieben***. ______________________

Bemühe dich, an der Tafel ***groß/zu/schreiben***. ______________________

Zum Backen muss man zunächst alle Zutaten ***bereit/stellen***. ______________________

Dieses Produkt wurde ***billig/hergestellt***. ______________________

Wie gern würde Paul jetzt einfach ***blau/machen***. ______________________

Tipp

Betonung

Oft zeigt die Betonung, ob zusammengeschrieben wird oder getrennt.

a) Bei **Getrenntschreibung** wird **jedes Wort einzeln** betont: *gegenüber sehen*.

b) Bei **Zusammenschreibung** wird **nur der erste Teil** der Zusammensetzung betont: *(sich) gegenübersehen*.

17 Vervollständige die Sätze sinnvoll.

a) ***frei sprechen / freisprechen***

Bei einem Vortrag sollte man ______________________.

Wir können dich von deiner Schuld nicht ______________________.

b) ***gut schreiben / gutschreiben***

Soll ich Ihnen die Summe ______________________?

Auf einer Glückwunschkarte muss man unbedingt ______________________.

c) ***schwer fallen / schwerfallen***

Pass auf, sonst kannst du ______________________ auf dem Eis.

Es wird uns ______________________, so früh aufzustehen.

Tipp

Verbgruppen mit *sein* schreibt man stets getrennt.
Beispiel: *da sein, hier sein, zusammen sein, krank sein, satt sein*

18 Entscheide dich für die Getrennt- oder Zusammenschreibung der gekennzeichneten Wörter.

Meine Freunde müssten eigentlich pünktlich ***hier/sein***. ________________

Wir sollten für immer ***zusammen/bleiben***. ________________

Nach dem großen Essen sollten alle ***satt/sein***. ________________

Sie können sich nach einem schattigen Plätzchen ***um/sehen***. ________________

Wir sind ***dabei/gewesen***. ________________

Wann werden wir wieder ***beisammen/sein***? ________________

Tipp

Verwechsle nicht den **Infinitiv mit *zu*** mit einem mit *zu* zusammengesetzten Verb.
Beispiel: *jemandem etwas zukommen lassen;*
aber: *Sie versprachen uns, pünktlich zu kommen.*

19 Entscheide, ob die gekennzeichneten Verben zusammen- oder getrenntgeschrieben werden. Schreibe die Wörter und Wortgruppen in dein Heft.

Miriam hatte keine Zweifel, wo sie Kolja [ihren Mitschüler und einstigen Rivalen] ***zu/suchen*** hatte. Sie war ***über/zeugt***, dass er hinter der Tür, durch die er und zuvor der alte Mann verschwunden waren, etwas Aufregendes entdeckt haben musste. Deshalb hatte sie sich sofort ***bereit/erklärt*** nach ihm ***zu/sehen***. Wozu sonst waren Klassenreisen da, wenn nicht, um etwas Aufregendes ***zu/erleben***? Ohne ***zu/zögern*** lief sie zu der geheimnisvollen Tür, gefolgt von Jennifer. Kurz dahinter ***er/schienen*** Ben und Frank. Vor der Tür blieben alle vier ***noch/einmal/stehen*** und betrachteten das dort angebrachte Schild, das in mehreren Sprachen ***mit/teilte***, dass der Durchgang ***streng/verboten*** sei.

aus: Andreas Schlüter: Achtung, Zeitfalle. Deutscher Taschenbuchverlag, München 2002, S. 62.

1 Nenne drei Wörter mit langem Stammvokal.

____

2 Wodurch kann die Länge eines Vokals gekennzeichnet werden?

____

3 Wie viele Konsonanten folgen nach einem kurzen Stammvokal?

____

4 Wie wird der stimmhafte s-Laut wiedergegeben? ______________

5 Nach welcher Art von Vokal schreibt man *ss*, wann *ß*?

____

6 Welche Begleiter können Substantive und Substantivierungen haben?

____

7 Nenne drei unbestimmte Zahlwörter, nach denen Adjektive und Partizipien substantiviert werden.

____

8 Schreibe drei unfest zusammengesetzte Verben auf.

____

9 Wie werden Verbgruppen mit *sein* immer geschrieben? ______________

10 Finde drei Verben, die man getrennt und zusammenschreiben kann.

____

11 Woran erkennt man oft, ob man Verben getrennt oder zusammenschreiben muss?

____

__/29 **1** In dem Textauszug sind nur die Satzgrenzen gekennzeichnet.

a) Schreibe den Text korrekt in dein Heft. (18 Punkte)
b) Unterstreiche alle Substantive mit ihren Begleitern. (11 Punkte)

Miriamstießjennifermitdemellenbogenindieseiteundzeigteaufeinenmann, derihnenindemgangentgegenkam. Jenniferbliebstehen. Auchbenundfrankhinterihrstoppten. dermannsahwirklichsehrseltsamaus. Ertrugeinenschwarzenhutmitbreiterkrempe, andereinelangerotefederbefestigtwar, dieeinenschönenkontrastzuseinensaubergeschnittenenhalblangen, schwarzen, lockigenhaarenbildeten. Umdieschulternwehteihmeinnachtblauerumhangausfeinstem, vornehmschimmerndemstoff, dermitweißem, verziertemfellabgesetztwar. Daruntertrugereinejackemitauffälligweitenpluderärmeln, ausdickem, rotemsamtmitgoldenenornamenten. Sieendetekurzüberdembundeinerkniebundhose, diesichebensopluderigausbeultewiedieärmelseinerjacke. Dieweißbestrumpftenfüßesteckteninschwarzenschuhen, welchemitlederriemenkunstvollgebundenwaren.

aus: Andreas Schlüter. Achtung, Zeitfalle. Deutscher Taschenbuchverlag, München 2002, S.77.

__/10 **2** Bilde Substantivierungen aus den gegebenen Adjektiven und setze sie sinnvoll in die Wortgruppen ein.

alt – blau – gut – neu – richtig – schwarz – still – trocken – trübe – voll

a) es im ______________ versuchen
b) etwas im ______________ vorbereiten
c) auf dem ______________ sitzen
d) im ______________ fischen
e) aus dem ______________ schöpfen
f) ins ______________ treffen
g) das ______________ tun
h) eine Fahrt ins ______________ machen
i) es aufs ______________ versuchen
j) alles beim ______________ lassen

__/14 **3** Setze s, ss oder ß ein.

E__ lie__ nicht lange auf __ich warten, bi__ der Kommi__ar da__ Geheimni__ aufgelö__t hatte. Er wu__te, da__ der Ka__ierer blo__ ein bi__chen zu nachlä__ig war.

4 Entscheide, ob die Bezeichnungen der Tageszeiten groß oder klein, getrennt oder zusammengeschrieben werden müssen. __/12

DIENSTAGABEND, MORGENFRÜH, MONTAGMORGENS, GESTERNNACHMITTAG, MORGENABEND, HEUTEMITTAG

____

____

5 Schreibe die gekennzeichneten Wörter in der korrekten Getrennt- oder Zusammenschreibung auf. __/10

Es hatte sich eine allgemeine Langeweile ***breit/gemacht***. ______________

Die Siedlung wurde zu ***dicht/bebaut***. ______________

Die Mittagspause müsste mittlerweile ***um/sein***. ______________

Trotzdem sieht es so aus, als würde das Geschäft noch ***zu/sein***. ______________

Ich wünschte mir, jetzt am Meer ***zu/sein***. ______________

Die Werbekampagne soll das Produkt ***bekannt/machen***. ______________

Zum Glück konnten wir noch einmal ***davon/kommen***. ______________

Die Kopfschmerzen können ***davon/kommen***, dass du zuviel am Computer gearbeitet hast. ______________

Du musst die Fenster richtig ***blank/putzen***. ______________

6 In diesem Textauszug sind 18 Fehler enthalten. Markiere sie und schreibe den Text berichtigt in dein Heft. __/18

Jennifer starte Ben mit grossen Augen an. Sie frahgte sich, ob Ben jezt über geschnapt wahr oder sie – bereitz zum Dritten Mal! – in ein absoluht unglaupliches Computer-Abentteuer gestürtzt waren? Sie konte sich nich endscheiden und enthilt sich jeglichen Komentars.

aus: Andreas Schlüter: Achtung, Zeitfalle. Deutscher Taschenbuchverlag, München 2002, S.141.

Gesamtpunktzahl __/93

2. Wortarten: Das Verb

„Grammatik ist langweilig und unnötig. Ich kann auch ohne genaue Regelkenntnisse richtig sprechen und schreiben." – Solche oder ähnliche Äußerungen fallen, wenn Grammatik auf dem Stundenplan steht. Dabei sind grammatische Kenntnisse viel wichtiger, als man denkt. Ohne den richtigen Gebrauch der Konjunktivformen kann es zum Beispiel in einer E-Mail oder im Chatroom leicht zu Missverständnissen kommen.

2.1 Unterscheidung der Wortarten

Regel

Flektierbare und unflektierbare Wörter

Wortarten werden in **flektierbare, d.h. zu beugende** und **unflektierbare, d.h. nicht zu beugende Wortarten** eingeteilt.

- Zu den flektierbaren Wortarten gehören Nomen, Pronomen, Artikel, Adjektive und Numerale. Sie sind deklinierbar. Auch das Verb zählt zur Gruppe der flektierbaren Wortarten, denn Verben werden konjugiert.
- Zu den unflektierbaren Wortarten gehören Adverbien, Präpositionen und Konjunktionen, die man auch als Partikeln oder Satzpartikeln bezeichnet.

1 Suche aus den Sätzen mindestens je ein Beispiel für die in der linken Spalte angeführten Wortarten und fülle die Tabelle aus.

Weil es an diesem Sonntag nur regnet, machen es sich die Geschwister Florian, Laura und Franziska in der Wohnung gemütlich. Sie probieren ein neues Spiel aus. Nachdem Franziska die Spielanleitung laut vorgelesen hat, geht es los. Zu Beginn macht es den drei Kindern großen Spaß. Doch dann verdüstern sich Lauras und Franziskas Gesichtszüge. Florian gewinnt schon zum zweiten Mal. Plötzlich ertönt lautes Geschrei. Laura hat wutentbrannt die Spielfiguren umgeworfen, da sie nicht gewinnt. Was nun? Ein Blick aus dem Fenster rettet die Situation, es regnet nicht mehr und die Sonne scheint, nun können die Kinder nach draußen. Endlich sind alle zufrieden, denn jeder kann das machen, was ihm Spaß macht. Florian nimmt sich sein Rad und dreht einige Runden. Laura schlüpft in ihre Inliner und braust davon und Franziska checkt erst einmal, wer ihr eine Nachricht auf das Handy geschickt hat.

Wortart	flektierbar	unflektierbar	Beispiel
Verb	x		regnet
Nomen			
Pronomen			
Artikel			
Adjektiv			
Numerale			
Adverb			
Präposition			
Konjunktion			

2.2 Das Verb: Person, Numerus und Tempus

Regel

Die Konjugation des Verbs

- Verben sind **konjugierbar**, d.h. Verben enthalten **Angaben zur Person, zum Numerus** (Singular oder Plural) und **zum Tempus** (zur Zeitform, d.h. zu Präsens, Präteritum, Perfekt, Plusquamperfekt und Futur).
- Es gibt **finite Verbformen** (veränderliche Formen) und drei **infinite** (unveränderliche) Verbformen. Unveränderlich sind der Infinitiv, das Partizip I und das Partizip II. Von jedem Verb können drei **Stammformen** bzw. Leitformen gebildet werden: Infinitiv, 1. Person Singular Präteritum und Partizip II.

2 Setze in jede Lücke das Verb in der geforderten Form ein.

Auf dem Weg zum Spielplatz (treffen: 3. P. Sg., Präsens) __________________ Franziska ihre Freundin Luisa. Luisa erzählt der erstaunten Franziska, dass die gemeinsame Freundin Marie (anrufen: 3. P. Sg., Perfekt) __________________. Marie (erzählen: 3. P. Sg., Präteritum) __________________ Luisa, dass Sören sie vorgestern nach der Schule zu einem Eis (einladen: 3. P. Sg., Plusquamperfekt) __________________. Nun gibt es für Franziska und Luisa natürlich viel Gesprächsstoff und so (gehen: 3. P. Pl., Futur) __________________ Laura und Florian ohne sie weiter zum Spielplatz __________________.

Regel

Starke und schwache Verben

Verben teilt man in **starke** und **schwache** Verben ein. Man erkennt an der Bildung der drei Stammformen, ob es sich um ein starkes oder schwaches Verb handelt.
Beispiel: *laufen - lief - gelaufen.* → Der Stammvokal ändert sich. Laufen ist ein starkes Verb.
Beispiel: *regnen - regnete - geregnet.* → Der Stammvokal ändert sich nicht. Regnen ist ein schwaches Verb.

3 Bilde zu allen Verben aus Übung 2 die drei Stammformen. Schreibe sie in dein Heft.

4 Bestimme anschließend, ob es sich um starke oder schwache Verben handelt.

2.3 Das Verb: Modus

Verben kann man auch hinsichtlich ihrer Modusform (Aussageweise) bestimmen. Der Modus eines Verbs (Plural: Modi) drückt die Geltung einer Aussage aus.

Regel

Die Modi des Verbs

Die folgenden vier Modi werden unterschieden:

- **Indikativ:** Er drückt aus, was wirklich ist.
  Beispiel: *Marie geht morgen zu Sörens Geburtstag.*
- **Konjunktiv I:** Er gibt die Rede eines Anderen wieder (indirekte Rede).
  Beispiel: *Marie sagt, sie gehe morgen zu Sörens Geburtstag.*
- **Konjunktiv II:** Er drückt aus, was wir uns vorstellen oder wünschen bzw. dass wir die Aussage eines Anderen anzweifeln (indirekte Rede).
  Beispiel: *Franziska wäre auch gern zu Sörens Geburtstag gegangen.* (Wunsch)
  Beispiel: *Marie sagt, sie ginge morgen zu Sörens Geburtstag.* (Zweifel)
- **Imperativ:** Er drückt eine Aufforderung aus.
  Beispiel: *Komm mit zu Sörens Geburtstag.*

5 Vervollständige die Tabelle.

Infinitiv	Indikativ	Konjunktiv I	Konjunktiv II	Imperativ
schwimmen	ich schwimme			
		er suche		
	du fütterst			
			sie sähe	
	wir kommen			
			er spielte	

6 Welche Konjunktiv-II-Formen aus der Tabelle sollten deiner Meinung nach durch die Umschreibung würde + Infinitiv ersetzt werden? Kreise sie ein und begründe deine Entscheidung. Notiere die Formen der Umschreibung in dein Heft.

Regel

Bildung des Konjunktiv

- Der **Konjunktiv I** wird **aus dem Infinitiv** des Verbs gebildet.
  Beispiel: *tragen – er trage; laufen – sie laufe.*
  Unterscheidet sich der Konjunktiv I nicht vom Indikativ (*ich reite*), wird der Konjunktiv II verwendet.
- Der **Konjunktiv II** wird **aus der Präteritumsform** des Verbs gebildet.
  Beispiel: *er trug – er trüge; ich ritt – ich ritte.*
  Häufig wird für den Konjunktiv II die Form würde + Infinitiv verwendet.
  Beispiel: *er würde tragen, er würde reiten.*

7 Ordne die gekennzeichneten Verbformen der Sätze in die Tabelle ein. Achtung: Nicht jedes Feld kann ausgefüllt werden.

a) Marie ***sagte*** zu Luisa, dass Sören sie ***angerufen habe***.
b) Heimlich wünschte sich Franziska, dass Sören sie ***angerufen hätte***.
c) Franziska ***quengelte***: „***Komm***, ich will endlich in die Stadt, um das Geburtstagsgeschenk für Sören zu kaufen."
d) Gemeinsam ***gehen*** die drei Freundinnen Marie, Luisa und Franziska in die Stadt.
e) Die drei Mädchen überlegen, worüber Sören sich ***freuen würde***.
f) Luisa berichtet, dass er ganz verrückt nach Modellautos ***sei***.
g) Marie meint, dass Sören zur Fangemeinde des heimischen Fußballclubs ***gehöre***.
h) Die drei Mädchen wünschen sich, dass sie mehr über Sören ***wüssten***.
i) Da treffen sie Sören. Die drei Mädchen werden rot und ***würden*** am liebsten im Erdboden ***versinken***.
j) Aber Sören ***bleibt*** cool und spricht die Mädchen an, als ***sei*** alles in Ordnung.

Indikativ	Konjunktiv I	Konjunktiv II	Imperativ	würde + Infinitiv

8 Marie erzählt Luisa und Franziska von ihrem Gespräch mit Sören. Forme die Sätze in indirekte Rede um. Ergänze dazu den Lückentext.

Marie: „Sören, was machst du denn so in deiner Freizeit?"
Sören: „Eigentlich habe ich gar nicht so viel freie Zeit."
Marie: „Oh, warum denn?"
Sören: „Ich bin im Judoverein. Ich trainiere an drei Nachmittagen in der Woche und an einigen Wochenenden muss ich zu Wettkämpfen fahren."
Marie: „Das ist aber interessant. Welche Farbe hat denn dein Gürtel?"
Sören: „ Im Trainingslager in den Winterferien habe ich die Prüfung für den grünen Gürtel geschafft. Darauf bin ich sehr stolz."

Marie berichtet Luisa und Franziska:

Ich fragte Sören, ______________________________.

Darauf antwortete Sören, ______________________________.

Ich fragte natürlich nach dem Grund. Sören sagte mir, ______________________________

____

______________________________.

Das interessierte mich, deshalb fragte ich ihn, ______________________________

______________________________.

Sören berichtete stolz, ______________________________

____

______________________________.

9 In diesem Text wurde sehr häufig die Umschreibung würde + Infinitiv verwendet. Dadurch ist er stilistisch eintönig. In welchen Sätzen kann man stattdessen die Konjunktivform gebrauchen? Verändere den Text entsprechend. Schreibe ihn in dein Heft.

Franziska glaubt Marie nicht so ganz. Zu ihrer Schwester Laura sagt sie: „Stell dir vor, Marie behauptet, Sören würde im Judoverein sein. Er würde schon den grünen Gürtel haben. Marie tat so, als würde sie sich für Judo interessieren. Gegenüber mir tat sie so, als würde sie immer an Sören denken."
Laura antwortet: „Zu mir hat Marie gesagt, sie würde dir nicht mehr vertrauen, weil du nur noch nach Sören schauen würdest. Damit, so meint sie, würdest du eure Freundschaft gefährden."
Franziska schaut Laura verblüfft an.

2.4 Das Verb: Genus verbi

Regel

***Genus verbi:* Aktiv und Passiv**

Als ***Genus verbi*** bezeichnet man die Verhaltensrichtung des Verbs. Man unterscheidet das Aktiv und das Passiv.

- Wenn das Verb im **Aktiv** gebraucht wird, steht meist **die handelnde Person** im Mittelpunkt.
  Beispiel: *Sören lädt Marie zu seinem Geburtstag ein.*
- Der Gebrauch des Verbs im **Passiv** betont dagegen **die Handlung (Vorgangspassiv)** oder **das Ergebnis einer Handlung (Zustandspassiv)**. Die handelnde Person muss nicht genannt werden.
  Beispiel: *Marie wird (von Sören) zum Geburtstag eingeladen* (Vorgangspassiv, Handlung). *Marie ist eingeladen* (Zustandspassiv, Ergebnis).

Das Passiv wird gebildet aus einer Form von **werden** oder **sein** und dem **Partizip II** des Verbs.
Beispiel: *Sören schreibt einen Brief.* (Aktiv)
Der Brief wird (von Sören) geschrieben. (Vorgangspassiv, Handlung)
Der Brief ist geschrieben. (Zustandspassiv, Ergebnis)

10 Ergänze die Passivformen und vervollständige die Tabelle.

Tempus	Aktiv	Vorgangspassiv	Zustandspassiv
Präsens	Er schreibt einen Bericht.		
Präteritum	Er schrieb einen Bericht.		
Perfekt	Er hat einen Bericht geschrieben.		
Plusquamperfekt	Er hatte einen Bericht geschrieben.		
Futur	Er wird einen Bericht schreiben.		

11 Setze die Sätze ins Passiv. Achte auf das richtige Tempus.

a) Marie begleitete Sören zu einem Judowettkampf.

____

b) Den ersten Kampf hat Sören eindeutig gewonnen.

____

c) Darüber wird Marie in der Schülerzeitung schreiben.

____

d) Sein nächster Gegner beobachtet Sören.

____

e) Leider hatte Sören sein cooles Vereinsshirt vergessen.

____

12 Marie hat für Sören einen Kuchen gebacken. Sie berichtet davon. Forme die Sätze ins Passiv um, sodass daraus ein Rezept für jedermann wird. Schreibe das Rezept in dein Heft.

Ich habe zuerst 250 g Margarine schaumig gerührt. Anschließend habe ich nach und nach je 250 g Zucker und Mehl in die Rührschüssel getan. Anschließend musste ich 4 Eier und 250 g gemahlenen Mohn hinzutun. Nachdem ich alles gut verrührt hatte, schüttete ich ein Päckchen Backpulver und 250 g saure Sahne in den Teig. Diesen Teig habe ich dann in eine gefettete und gemehlte Backform gefüllt und für 20 Minuten in den Backofen geschoben (180 Grad). Nachdem der Kuchen abgekühlt war, habe ich ihn mit Buttercreme und Kuvertüre überzogen. Sören hat sich gefreut, ihn sofort probiert und war anschließend pappsatt.

Info plus

Wer keinen Hunger mehr hat, ist **satt**. Aber was sagt man, wenn jemand keinen Durst mehr hat? In der deutschen Sprache gibt es kein Adjektiv, um zu beschreiben, dass der Durst gestillt ist. Um ein passendes Wort dafür zu finden, haben der Duden-Verlag und zuvor auch die Gesellschaft für Deutsche Sprache Ideenwettbewerbe gestartet. Mehr als 45 000 Vorschläge trafen beim Duden-Wettbewerb ein. Der Gewinner „**sitt**" hat sich im allgemeinen Sprachgebrauch aber nicht durchsetzen können. Und so sind die Deutschen weiterhin satt und nicht mehr durstig, anstatt „sitt und satt".

13 Marie hat für die Schülerzeitung einen Artikel über den Judowettkampf geschrieben. Der Chefredakteur Torsten meint, dass der Wettkampf stärker in den Mittelpunkt gerückt werden muss. Hilf Torsten bei der Überarbeitung, indem du einige Aktivformen durch das Passiv ersetzt und Überflüssiges streichst. Schreibe den Bericht in dein Heft.

Am Wochenende war ich mit meinem Freund Sören K. in der Sporthalle am Eichweg zum Judoturnier, das zum sechsten Mal stattfand. Als ich in die Halle kam, war ich ganz überrascht, dass so viele Kämpfer den Weg in die Halle gefunden hatten. Es waren über 200. Nach der Begrüßung durch die Bürgermeisterin begannen die Kämpfe in den verschiedenen Gewichts- und Altersklassen. Es war so laut, ich konnte nicht einmal das Klingeln meines Handys hören. Drei Kampfrichter leiteten die Kämpfe auf den einzelnen Matten. Die Jungen und Mädchen der Altersklasse U9 beendeten ihre Kämpfe schon um 11 Uhr. Anschließend kämpften die Jungen und Mädchen der Altersstufe U14. Sören hatte seinen ersten Kampf um 12 Uhr.

12 In welche zwei allgemeinen Kategorien kann man Wortarten einteilen?

13 Benenne die drei Stammformen des Verbs.

14 Worin unterscheiden sich starke von schwachen Verben?

15 Nenne die vier Modi eines Verbs.

16 Welche Ersatzform kann für den Konjunktiv II verwendet werden?

17 Was bezeichnet das Genus verbi?

18 Welche zwei Passivformen werden unterschieden?

19 In welchem Modus erfolgt die indirekte Redewiedergabe?

20 Nach welchen grammatischen Kategorien wird ein Verb bestimmt?

21 Was versteht man unter einem flektierbaren Wort?

22 Welche Funktion haben Verben?

Über „Freundschaft" schreibt auch Max von der Grün in seinem Buch „Vorstadtkrokodile". Hannes möchte gern Mitglied bei den „Krokodilern" werden. Das ist eine Vorstadtbande. Das Aufnahmeritual ist aber gefährlich, man muss auf das Dach einer alten Fabrik klettern. Als Hannes heruntersteigen will, verliert er den Halt und muss von der Feuerwehr vor dem Absturz gerettet werden.

__/22 **1** Gib die direkte Rede indirekt wieder, um das Gespräch zwischen Hannes und seinen Eltern zusammenzufassen. Schreibe in dein Heft.

Hannes saß wie ein Häufchen Elend in der Küche und wagte nicht, seinen Vater anzusehen. (…) „Damit wir klarsehen, mein Sohn, als Strafe vierzehn Tage kein Fernsehen", sagte sein Vater, „Spielen mit dem Hasen Hannibal ist verboten, Ausgang ist verboten, Taschengeld für vierzehn Tage gestrichen …" „Jetzt ist aber genug", rief die Mutter. „Das ist noch lange nicht genug. Hast du dich nicht selber schon beschwert über die Jungs, zu denen unser Herr Sohn nun gehört, was haben die schon alles angestellt. Denk nur mal dran …" (…)
„Jaja, ich weiß", sagte Hannes' Mutter, „aber die tun ja auch noch was anderes. Und jetzt lass gut sein, sei doch froh, dass unser Sohn …" „Noch lebt", rief er dazwischen, „es hätte erst gar nicht so weit kommen dürfen. Abstürzen hätte er können."
„Ich bin aber nicht abgestürzt. Ich bin jetzt bei den Krokodilern …", rief Hannes, der seine Angst vor dem Vater fast verloren hatte.
„Eine schöne Bande, diese Krokodiler, Erwachsene ärgern, sonst können die nichts", grollte der Vater immer noch.

aus: Max von der Grün: Vorstadtkrokodile, © cbj-Verlag, München, in der Verlagsgruppe Random House GmbH.

__/8 **2** Bestimme die gekennzeichneten Verbformen der Sätze nach Person, Numerus, Tempus, Modus und Genus verbi.

a) Hannes überwand seine Angst und kletterte auf das Dach der alten Fabrik, um Mitglied bei den „Krokodilern" zu werden.

er überwand: ______________________________

b) Olaf, der Anführer, sagte zu seiner Schwester, dass Hannes die Aufnahmeprüfung schaffe.

er schaffe: ______________________________

c) Nachdem Hannes von der Feuerwehr gerettet worden war, wurde er nach Hause gebracht.

er war gerettet worden: ______________________________

er wurde gebracht: ______________________________

3 Forme den Bericht über die Rettungsaktion in das Aktiv um. Benenne dabei die Handelnden. __/18

Junge wurde von der Feuerwehr gerettet
Gestern wurde die Feuerwehr zu einem Einsatz auf dem alten Fabrikgelände gerufen. Ein Junge wurde aus Lebensgefahr gerettet. Der Junge war während einer Mutprobe alleingelassen worden. Er wurde nur von einer alten Dachrinne gehalten. Zu Hause ist der Junge im Anschluss bestraft worden. Durch eine bessere Absperrung der alten Fabrik soll eine Wiederholung solcher Situationen verhindert werden. Schon oft wurden entsprechende Beschwerden an die Verwaltung gerichtet. Doch bisher ist nie gehandelt worden.

____

____

____

____

____

____

____

____

____

____

4 Vergleiche die Passiv-Version mit der Aktiv-Version. Was fällt dir auf? __/2

____

Gesamtpunktzahl __/50

3. Satzbau und Zeichensetzung

Immer nur Hauptsätze aneinanderzureihen, das wäre eintönig. Wer ansprechende Texte schreiben will, muss den Satzbau abwechslungsreich gestalten und daher wissen, wie ein Satz aufgebaut ist.

3.1 Der einfache Satz

Jeder Satz besteht mindestens aus Subjekt und Prädikat. Dazu können zusätzliche Satzglieder treten, um die Satzaussage zu erweitern.

Regel

Die Bauteile eines Satzes sind die **Satzglieder**. Sie lassen sich ganz einfach durch die **Umstellprobe** ermitteln. Satzglieder sind Wörter und Wortgruppen, die zusammenbleiben müssen, wenn sie an den Satzanfang vor die finite (gebeugte) Verbform gestellt werden.

1 Ermittele die Bauteile der Sätze.

a) Grenze die Satzglieder durch Schrägstriche voneinander ab.
b) Rahme die finiten Verbformen ein.
c) Überprüfe deine Entscheidung mithilfe der Umstellprobe.

Nationalparks befinden sich meist in wenig besiedelten Gebieten.
Sie bieten vielen heimischen Tier- und Pflanzenarten eine Heimat.
Vor allem schützen Nationalparks viele bedrohte Tiere und Pflanzen.
So soll deren langfristiges Überleben sichergestellt werden.

Regel

Subjekt und Prädikat

- Das **Subjekt** gibt an, **wer etwas tut** bzw. wer oder was das Geschehen auslöst. Es steht immer im 1. Fall (Nominativ). Gefragt wird nach ihm mit „Wer?" oder „Was?".
Beispiel: *Nationalparks bewahren die Vielfalt der Natur.*
- Das **Prädikat** drückt aus, **was getan wird** bzw. was geschieht. Es besteht aus einer finiten (gebeugten) Verbform, zu der weitere infinite (ungebeugte) Verbformen treten können. Die finite Verbform stimmt in Person und Zahl mit dem Subjekt überein.
Beispiel: *Der Mensch verändert die Natur. Menschen verändern die Natur.*

2 Bestimme das Subjekt und das Prädikat.
a) Unterstreiche das Subjekt rot.
b) Markiere das Prädikat grün.
c) Rahme zusätzlich die finite Verbform ein.

Als weltweit erster Nationalpark wurde 1872 der Yellowstone-Nationalpark in den USA gegründet. In Deutschland dagegen wurde der erste Nationalpark erst 1970 mit dem Nationalpark Bayerischer Wald errichtet. Mittlerweile gibt es deutschlandweit 14 solcher erhaltenswerten Naturräume.

Die beiden größten Nationalparks Schleswig-Holsteinisches Wattenmeer und Niedersächsisches Wattenmeer umfassen eine Fläche von etwa 7200 km². Im Jahr 1990 wurden allein fünf weitere Nationalparks gegründet, darunter der kleinste, der Nationalpark Jasmund.

Auch der Müritz-Nationalpark entstand in dieser Zeit. Mit 117 km² ist die Müritz der größte See Norddeutschlands. Er befindet sich in der Mecklenburgischen Seenplatte, die oft auch „Land der tausend Seen" genannt wird. Eine besondere Attraktion im Ostteil des Müritz-Nationalparks ist der Serrahner Urwald mit seinen prächtigen alten Buchenwäldern.

Regel

Objekte

Das Prädikat kann durch Objekte näher bestimmt werden. Objekte sind Wörter und Wortgruppen, deren Fall meist direkt vom Prädikat abhängt. Man unterscheidet:

1. **Genitivobjekt** *Fragewort: Wessen? → einer Veränderung* bedürfen
2. **Dativobjekt** *Fragewort: Wem? → dem Waldsterben* entgegenwirken
3. **Akkusativobjekt** *Fragewort: Wen oder was? → die Bevölkerung* informieren
4. **Präpositionalobjekt**

Das Präpositionalobjekt ist mit einer Präposition an das Prädikat gebunden. Die Präposition fordert den Fall des Objekts und wird in die Frage einbezogen. Fragen: z. B. *Mit wem? Von wem? Über wen oder was? →* *mit den Medien zusammenarbeiten, über Umweltprojekte berichten*

3 Bestimme die gekennzeichneten Satzglieder in den folgenden Sätzen. Notiere die geeigneten Fragewörter in dein Heft.

Der Nationalpark Bayerischer Wald ***umfasst (1)*** seit seiner Erweiterung 1997 ***eine Fläche von 24.250 Hektar (2). Zusammen mit dem Böhmerwald (3)*** bildet der Bayerische Wald ***die größte zusammenhängende Waldfläche Zentraleuropas (4)***. Im Nationalpark konnte sich ***eine einzigartige Tierwelt (5)*** erhalten bzw. wurde dort wieder angesiedelt. Darunter ***befinden sich (6)*** vom Aussterben bedrohte Arten wie z. B. Auerhuhn, Luchs, Wanderfalke, Wildkatze, Schwarzstorch genauso wie andere typische Bewohner des Bayerischen Waldes.

Regel

Attribute

Attribute sind Teil eines Satzglieds und **bestimmen ein Substantiv, Adjektiv oder Adverb** näher. Sie können **voran- oder nachgestellt** sein.

Beispiel: *die beiden größten Nationalparks Deutschlands*

4 Die folgenden Wortgruppen enthalten Attribute.

a) Unterstreiche alle Attribute.

b) Markiere mit einem Pfeil, welches Substantiv näher bestimmt wird.

die größte zusammenhängende Waldfläche

in wenig besiedelten Gebieten

viele bedrohte Tiere und Pflanzen

der erste Nationalpark

der größte See Norddeutschlands

eine einzigartige Tierwelt

vom Aussterben bedrohte Arten

andere typische Bewohner des Bayerischen Waldes

Regel

Adverbialbestimmungen

Adverbialbestimmungen (Adverbiale) geben die **nähere Umstände eines Geschehens** an. Die wichtigsten Adverbiale sind:

1. **Temporalbestimmung (Zeit)**
   Fragewörter: Wann? Wie lange? Wie oft? → *seit 1997; immer wieder*
2. **Lokalbestimmung (Ort)**
   Fragewörter: Wo? Wohin? Woher? → *im Nationalpark; in die Natur*
3. **Kausalbestimmung (Grund)**
   Fragewörter: Warum? Weshalb? → *deshalb; aus gutem Grund*
4. **Modalbestimmung (Art und Weise)**
   Fragewörter: Wie? Auf welche Art und Weise? → *vorsichtig; mit Bedacht*

5 Übertrage die Tabelle in dein Heft. Schreibe alle Adverbialbestimmungen aus dem Text heraus und ordne sie in die Tabelle ein.

Text 1: Der Luchs

Der Eurasische Luchs oder Nordluchs *(Lynx lynx)* ist eine in Eurasien verbreitete Art der Luchse. Im deutschen Sprachgebrauch ist fast immer diese Art gemeint, wenn von dem Luchs die Rede ist. Nach Bär und Wolf ist diese Katze das größte Raubtier, das in Europa heimisch ist. Wegen starker Verfolgung über viele Jahrzehnte und aufgrund gezielter Ausrottungsmaßnahmen war die Art aus Westeuropa bereits verschwunden. Erst ab etwa 1950 wanderten die Wildkatzen aus angrenzenden Gebieten langsam wieder ein und wurden auch gezielt wieder angesiedelt.

Temporal-bestimmung	Kausal-bestimmung	Modal-bestimmung	Lokalbestimmung

Info plus

Wie viele andere Tiere, taucht auch der **Luchs** in deutschen Sprichwörtern und Redewendungen auf. So „luchsen wir jemandem etwas ab" oder wir „passen auf wie ein Luchs". Beides deutet darauf hin, dass der Luchs ein sehr geschickter Jäger ist, der zudem äußerst gut sehen kann.

3.2 Der zusammengesetzte Satz (Haupt- und Nebensatz)

Regel

Satzreihe

- Hauptsätze können **allein stehen**. Die finite Verbform befindet sich an zweiter Stelle.
  Beispiel: *Im Nationalpark gestaltet der Mensch die Natur nicht.*
- Hauptsätze können auch **aufgezählt** und durch nebenordnende Konjunktionen miteinander verknüpft werden. Sie bilden dann eine Satzreihe.
  Beispiel: *Im Nationalpark gestaltet der Mensch die Natur nicht, sondern er zieht sich in die Rolle des Beobachters zurück.*

6 Bilde aus den aufeinanderfolgenden Hauptsätzen Satzreihen.
a) Verwende die Konjunktionen *aber, denn, und*.
b) Rahme jeweils die finite Verbform ein.

a) Der Luchs lebt als Einzelgänger.
b) Er ist ein Überraschungs- oder Lauerjäger.
c) In der Regel ruhen Luchse während des Tages in ihren Verstecken.
d) Sie jagen vor allem in der Dämmerung und nachts.
e) Sie schlagen ihre Beute vor allem an regelmäßig begangenen Wildwechseln.
f) Das Beutetier wird bestenfalls über eine kurze Strecke verfolgt.
g) Die Pranken der Luchse sind groß.
h) Sie verhindern im Winter ein tiefes Einsinken in den Schnee.

Regel

Aufzählungen

Einzelwörter, Wortgruppen und sogar Sätze können aufgezählt werden. Die Glieder einer Aufzählung werden durch Komma voneinander abgetrennt, wenn sie nicht durch *und, oder, sowie, beziehungsweise, weder … noch* verbunden sind.

7 Unterstreiche die Glieder der Aufzählung und bestimme, um welches Satzglied es sich dabei handelt. Setze die fehlenden Kommas.

Text 2: Der Nationalpark Schleswig-Holsteinisches Wattenmeer

Das Gebiet beheimatet etwa 3 200 Tier- und Pflanzenarten. Schollen Seezungen und Heringe ziehen ihre Kinder im Gebiet auf ebenso leben hier Seehunde Schweinswale und Kegelrobben. In Zone I sind Wattwanderungen Radwanderungen Reiten und Kutschfahrten nur auf ausgewiesenen Wegen erlaubt die Jagd ist gänzlich verboten. Das Wattenmeer ist nach dem Tropischen Regenwald das zweitproduktivste Ökosystem. Die im Wattenmeer zu findenden Lebensformen umfassen Kieselalgen Schnecken Würmer Muscheln und Garnelen. Auf den Sandbänken im Wattenmeer sind Seehunde und in kleinerer Anzahl Kegelrobben zu beobachten. Auf den Salzwiesen, die den Säbelschnäblern und Seeschwalben zum Brüten dienen, blühen im Sommer die Stranddistel und der Strandhafer.

8 Untersuche den letzten Satz des Textes 2 genauer.

a) Bestimme alle Satzglieder.
b) Rahme die finite Verbform ein.
c) Unterstreiche den Hauptsatz.
d) Erkläre, warum hier Kommas gesetzt werden müssen.

Regel

Satzgefüge

Jedes Satzgefüge besteht aus einem **Hauptsatz mit mindestens einem Nebensatz**. Die Nebensätze können dem Hauptsatz voran- oder nachgestellt sein bzw. in ihn eingeschoben werden. Sie werden duch Komma abgetrennt.

Vorangestellt: *Da viele Tiere und Pflanzen geschützt werden müssen, spielen Nationalparks eine wichtige Rolle.*

Nachgestellt: *Nationalparks spielen eine wichtige Rolle, da viele Tiere und Pflanzen geschützt werden müssen.*

Eingeschoben: *Nationalparks spielen, da viele Tiere und Pflanzen geschützt werden müssen, eine wichtige Rolle.*

9 Untersuche die Satzgefüge.

a) Unterstreiche alle Subjekte rot und die Prädikate grün.
b) Rahme die finite Verbform ein.
c) Unterstreiche alle Hauptsätze.
d) Markiere die Einleitewörter der Nebensätze farbig.

Text 3: Seehunde

Der Seehund, der sich von der Kegelrobbe durch ein geringeres Gewicht und durch den rundlichen Kopf unterscheidet, ist eine in allen nördlich-gemäßigten Meeren verbreitete Robbe aus der Familie der Hundsrobben. Seehunde sind sehr gute Schwimmer, die bis zu 200 m tief und 30 Minuten lang tauchen können. Während Seehunde im Wasser einzelgängerisch sind, kommen sie auf Sandbänken oft zu kleinen Gruppen zusammen, wobei sie auch dort auf genügend Abstand zueinander achten. Dies ist notwendig, da sie aggressiv auf Berührung durch Artgenossen reagieren. Besonders Männchen verausgaben sich bei gegenseitigen Angriffen, wodurch ihre Lebenserwartung im Durchschnitt geringer als die der Weibchen ist.

Tipp

Nebensätze kannst du an verschiedenen Merkmalen erkennen: Nebensätze haben häufig ein **Einleitewort**, die **finite Verbform** steht **am Ende** und Nebensätze können **nicht allein** stehen. Außerdem werden sie immer durch **Komma** vom Hauptsatz abgegrenzt.

10 Untersuche auch den zweiten Textabschnitt wie in Aufgabe 9 gefordert und setze zusätzlich alle notwendigen Kommas.

Text 4: Gefährdung der Seehunde

Ein Problem für die Seehunde des Wattenmeeres sind oft Touristen die im Watt wandern und junge Seehunde entdecken die von den Muttertieren während der Nahrungssuche für lange Zeit allein gelassen werden. Wenn in dieser Zeit Touristen auf die Jungen stoßen und sie berühren oder gar streicheln wird die Mutter das mit Menschengeruch behaftete Tier wahrscheinlich nicht mehr akzeptieren. So ein Jungtier das seine Mutter dauerhaft verloren hat wird als „Heuler" bezeichnet.

Regel

Adverbialsätze

Nebensätze haben eine bestimmte Funktion im Satz. Adverbialsätze geben zum Beispiel die näheren Umstände eines Ereignisses oder Zustandes an. Es gibt verschiedene Arten von Adverbialsätzen. Sie werden z. B. in Abhängigkeit vom jeweiligen Einleitewort unterschieden in:

- **Temporalsatz (Zeit)**: als; während; bis; bevor; ehe
  Beispiel: *Während die Sonne aufgeht, ist die beste Zeit am Meer.*
- **Lokalsatz (Ort)**: wo; wohin; woher
  Beispiel: *Lass uns gehen, wohin der Wind uns weht.*
- **Kausalsatz (Grund)**: weil; da
  Beispiel: *Wir lieben die See, weil die Wellen so schön rauschen.*
- **Modalsatz (Art und Weise)**: indem; wie
  Beispiel: *Viele Leute finden Erholung, indem sie am Strand entlang wandern.*
- **Konditionalsatz (Bedingung)**: wenn; falls; unter der Bedingung, dass
  Beispiel: *Wenn die Wellen zu stark sind, sollte man auf das Baden verzichten.*
- **Finalsatz (Zweck und Absicht)**: damit; auf dass
  Beispiel: *Rettungsschwimmer passen auf, damit nichts passiert.*
- **Konzessivsatz (Einräumung)**: obwohl; obgleich; wenngleich
  Beispiel: *Obwohl viele Strände überfüllt sind, gibt es auch ruhige Orte.*
- **Konsekutivsatz (Folge und Wirkung)**: sodass; so, dass
  Beispiel: *Wir sollten uns so verhalten, dass die Natur nicht geschädigt wird.*

11 Bestimme die Funktion der Nebensätze im Text 5.

a) Schreibe alle Nebensätze heraus und rahme die finite Verbform ein.
b) Markiere die Einleitewörter.
c) Bestimme die jeweilige Art der Adverbialsätze.

Text 5: Das Ozeaneum in Stralsund

Da es langsam eng wurde im Deutschen Meeresmuseum in Stralsund, plante man lange Zeit eine Erweiterung für Norddeutschlands meistbesuchtes Museum. Nachdem bereits 1991 am Darßer Ort das Natureum und 1999 auf der Insel Dänholm das Nautineum als Außenstelle eröffnet wurden, können die Besucher seit Juli 2008 im neu errichteten Ozeaneum die Unterwasserwelt der nördlichen Meere erleben. Etwa vierzig, teilweise riesige Meerwasseraquarien werden präsentiert, sodass der Besucher mit allen Sinnen einen Eindruck von der Nord- und Ostsee und dem nordatlantischen Polarmeer gewinnt. Auch die Unterwasserwelt Helgolands, der einzigen Felseninsel Deutschlands, kann man näher kennenlernen, indem man ein grandioses Tunnelaquarium besichtigt.
Die Hauptattraktion bildet zweifelsohne die Ausstellung „1:1 – Riesen der Meere", die Nachbildungen von Walen in Originalgröße zeigt und dabei eine Toninszenierung abspielt, damit die größten Lebewesen der Erde für die Besucher hörbar gemacht werden.

23 Welches Satzglied wird nur aus Verben gebildet? ______________________

24 Wonach richtet sich die finite Verbform?

____

25 Erkläre die Besonderheit des Präpositionalobjekts.

____

____

26 Was bestimmen Attribute näher? ______________________

27 Wie erfragt man eine Modalbestimmung? ______________________

28 An welcher Stelle steht die finite Verbform im Hauptsatz?

____

29 Welche Konjunktionen können Hauptsätze in einer Satzreihe verbinden?

____

30 Wann wird bei Aufzählungen kein Komma gesetzt?

____

____

31 Wie viele Hauptsätze enthält ein Satzgefüge? ______________________

32 Nenne die Merkmale des Nebensatzes. ______________________

____

____

33 Nenne sechs Konjunktionen, die Adverbialsätze einleiten können.

____

___/26 **1** Erweitere die Sätze durch die in Klammern stehenden Satzglieder und schreibe sie in dein Heft.

An der Ostsee locken weite Strände zum Erholen. (Akkusativobjekt)
Viele Touristen kommen hierher. (Temporalbestimmung)
Sie wandern gern. (Lokalbestimmung)
Eine Menge Strandgut wird gesammelt. (Präpositionalobjekt)
Möwen streiten sich um das Futter. (Modalbestimmung)
Am Strand kann man gut Drachen fliegen lassen. (Kausalbestimmung)
Volleyballfelder und Spielplätze bieten viel Spaß. (Dativobjekt)
Kinder spielen. (Präpositionalobjekt, Lokalbestimmung)
Cafés und Eisdielen laden ein. (Akkusativobjekt, Präpositionalobjekt)
Die Urlaubsfotos werden angeschaut. (Temporalbestimmung, Modalbestimmung)

___/20,5 **2** Untersuche den folgenden Text.

a) Rahme die finiten Verbformen ein. (8,5 Punkte)
b) Setze alle fehlenden Kommas. (10 Punkte)
c) Welche Satzformen (Satzgefüge, Satzreihe) enthält der Text? (2 Punkte)

Scheinbar unberührt liegt der kleine See im Müritz-Nationalpark. Es ist Juni einige Enten sind unterwegs und im flachen Wasser spielen Fische an der Oberfläche. Am Himmel taucht ein Vogel auf. Sein Flugbild ähnelt dem einer großen Möwe. Mehr ist wegen der fast 50 Meter Flughöhe nicht zu erkennen. Der Vogel steht rüttelnd in der Luft dann legt er plötzlich die Schwingen an und lässt sich mit rasanter Geschwindigkeit hinabfallen. Mit nach vorn gestreckten Fängen stürzt er ins Wasser. Das Wasser spritzt auf der Vogel erhebt sich hält einen Fisch in den Fängen und zieht mit kräftigen Flügelschlägen davon. Dieses eindrucksvolle Bild lässt sich an vielen Stellen beobachten denn mit seinen über hundert Seen ist der Müritz-Nationalpark ein ideales Fischadlerrevier.

Satzformen: ____

____

3 Bilde fünf zusammengesetzte Sätze und bestimme die gewählte Form (Satzreihe oder Satzgefüge). Arbeite in deinem Heft. ___/10

Fischadler sind Zugvögel.
Sie sind von März bis Oktober bei uns zu Gast.
Als Brutplatz bevorzugen sie Strommasten.
Oft fehlen geeignete Horstbäume.
Fischadler sind sogenannte Sturztaucher.
Sie ernähren sich ausschließlich von Fisch.
Fischadler haben mächtige Klauen.
Sie können Fische mit einem Gewicht von bis zu 1,2 kg ergreifen.
Etwa 500 Brutpaare leben heute vor allem in Mecklenburg-Vorpommern und Brandenburg.
Diese Gegenden sind dünn besiedelt und haben viele Seen.

4 Bilde Satzgefüge, indem du die unterstrichenen Satzteile in Adverbialsätze umwandelst. Beachte die Kommasetzung. ___/8

a) <u>Wegen des heranziehenden Sturms</u> musste die Bootsfahrt abgesagt werden.

____

____

b) Jugendwaldheime wurden für Schulklassen <u>zum Zweck der Begegnung mit der Natur</u> geschaffen.

____

____

c) <u>Nach der Rückkehr</u> von der Nachtwanderung fielen die Schüler erschöpft in ihre Betten.

____

____

d) <u>Trotz ihrer Müdigkeit</u> erzählten alle noch eine Weile.

____

Gesamtpunktzahl ___/64,5

4. Analyse von Sachtexten

Kurzvorträge bzw. Referate spielen im Unterricht eine wichtige Rolle. Häufig unterstützen die Lehrerinnen und Lehrer deren Erarbeitung durch Literatur- und Materialangaben. Doch dann sitzt man allein vor scheinbar endlosen Texten, in denen in der dritten Zeile bereits das vierte unbekannte Wort steht. Die folgenden Übungen sollen helfen, Sachtexten ihren Schrecken zu nehmen.

4.1 Sachtexte unterscheiden

Regel

Informierende und meinungsbildende Texte

Sachtexte können vor allem **Fakten**, aber auch **Meinungen**, z. B. den Standpunkt der Autorin / des Autors, vermitteln. Unterschieden wird deshalb zwischen eher informierenden und eher meinungsbildenden Sachtexten.

1 Bestimme, ob es sich bei den Texten 1 und 2 eher um informierende oder um meinungsbildende Texte handelt. Kreuze an und begründe.

2 Unterstreiche die in den Texten ersichtlichen Meinungsäußerungen.

Text 1

Judo (japanisch: sanfter Weg), aus Japan stammende Kampfsportart, die um 1880 von dem Pädagogen Jigoro Kano aus dem Jiu-Jitsu entwickelt wurde. Judo ist ein Kampfsport, bei dem es darauf ankommt, den Gegner ohne Waffen, durch Anwendung von Wurf-, Griff- und Bodentechniken kampfunfähig zu machen.
Die Wettkämpfe finden auf einer quadratischen Kampffläche von neun Meter Seitenlänge statt, umgeben von einer drei Meter breiten Sicherheitszone. Die ein mal zwei Meter großen Matten (Tatami), aus denen die Kampffläche gebildet wird, bestehen heute aus Vollschaumstoff und sind mit Polyestergewebe überzogen. Ein Judokampf wird geleitet von einem Kampfrichter auf der Matte und zwei Außenrichtern, die an zwei gegenüberliegenden Mattenecken sitzen. Der Kampf muss innerhalb der Begrenzungslinien stattfinden, d.h. es werden nur Techniken gewertet, die innerhalb der Kampffläche angesetzt werden.

☐ Eher informierend ☐ Eher meinungsbildend

Begründung: ______________________________

____

Text 2

Judo (japanisch: sanfter Weg) ist ein Kampfsport, bei dem es darauf ankommt, den Gegner ohne Waffen, durch Anwendung von Wurf-, Griff- und Bodentechniken kampfunfähig zu machen. Häufig wird die reine Kunst des Judo allerdings nicht mehr gelehrt. Zu viele sogenannte Meister treten an, um ihren Schützlingen die angeblich wahre Judokunst zu vermitteln. Dies zeigt folgende Zahl: 2005 zählte der deutsche Judoverband bereits 199 734 Mitglieder.

Die Judoka (Judokämpfer) tragen einen Judogi, einen weißen Judoanzug, dessen Jacke aus besonders starkem Leinen oder Baumwollstoff hergestellt wird. Einige Kämpferinnen oder Kämpfer tragen auch einen blauen Anzug, was eigentlich nur eine modische Spielerei ist. Die Jacke wird von einem Gürtel zusammengehalten, der zweimal um den Körper gewickelt und mit einem einfachen Knoten gebunden wird. Die Farbe des Gürtels zeigt den Grad der Kämpferin bzw. des Kämpfers an. Auch hier zeigt sich eine Inflation. Wie kann es sein, dass ein zehnjähriger Junge bereits den grünen Gürtel trägt? Das zeugt nicht von besonderem Talent, sondern von einem unverantwortlichen Trainer.

☐ Eher informierend ☐ Eher meinungsbildend

Begründung: ______________________________

____

4.2 Sachtexte erschließen: Das Thema erfassen

Regel

Überfliegendes und selektives Lesen

- Zunächst ist es wichtig, das Thema des Textes zu erkennen, damit man weiß, inwiefern dieser Text gesuchte Informationen enthält. Dazu liest man den Text beim überfliegenden Lesen ein- bis zweimal und versucht, das **Hauptthema** möglichst genau zu erfassen.
- Das selektive Lesen bedeutet dagegen, dass nur ganz bestimmte **Teile des Textes**, die für die Frage- oder Aufgabenstellung wichtig sind, genau gelesen werden.

3 Übe dich im überfliegenden Lesen, indem du den Text 3 maximal zweimal liest und anschließend das Thema in einem Satz formulierst.

4 Was versteht man unter Jiu-Jitsu und Kung-Fu?
a) Kennzeichne die Abschnitte, die etwas über die Sportarten aussagen.
b) Lies diese Absätze genau durch.
c) Schreibe nun eine kurze Definition zu Jiu-Jitsu und Kung-Fu auf.

Text 3

Kampfsport ist ein Sammelbegriff für verschiedene Zweikampfsportarten, die ursprünglich in Fernost bei der Kriegsführung eingesetzt wurden und die von ostasiatischen Philosophien, vor allem dem Zen-Buddhismus, geprägt wurden. Anfang des 6. Jahrhunderts v. Chr. brachte Bodhidharma, ein indischer Priester und Krieger, den Zen-Buddhismus zusammen mit einem System von 18 Selbstverteidigungsübungen nach China. Die Übungen entwickelten sich zu einer Art von Boxen, das sich zusammen mit dem Zen-Buddhismus in ganz China verbreitete und im 12. Jahrhundert Japan erreichte.

Kampfsportarten sind heute in vielen Teilen der Welt beliebt als Sport zur Selbstverteidigung, als Wettkampfsport und als Konditionsübung. Zu den bekanntesten Disziplinen gehören Karate, Kung-Fu, Jiu-Jitsu, Judo, Aikido, Tai Chi, Taekwondo, Sumo und Kendo. Bei einigen Kampfsportarten tragen die Kämpfer farbige Gürtel, die ihren Rang anzeigen. Anfänger tragen einen weißen Gürtel. Darauf folgen der Rangfolge nach gelb, orange, grün, blau und braun. Ein schwarzer Gürtel zeigt die Kampferfahrung höheren Grades auf verschiedenen Stufen an. Die Stufen des schwarzen Gürtels werden als Dan (japanisch für „Grad") bezeichnet. Der erste Dan oder der erste Grad des schwarzen Gürtels steht für die Anfängerstufe des schwarzen Gürtels. Der fünfte Dan oder fünfte Grad kommt einem Meister zu.

Judo ist ein Kampfsport, bei dem es darauf ankommt, den Gegner ohne Waffen, durch Anwendung von Wurf-, Griff- und Bodentechniken kampfunfähig zu machen. Judo ist eine beliebte, mittlerweile auch in Europa weitverbreitete asiatische Kampfsportart, die 1882 von dem japanischen Pädagogen Dr. Jigoro Kano aus dem Jiu-Jitsu entwickelt wurde. Beim Judo versuchen die Kämpfer, ihren Gegner aus dem Gleichgewicht zu bringen, mit speziellen Techniken auf den Boden zu werfen und mit Halte-, Hebel- und Würgegriffen zum Aufgeben zu bewegen. Judo wurde 1964 in das Programm der olympischen Sportarten aufgenommen.

Tai Chi ist eine Form des Konzentrationstrainings, das vom Bewegungsablauf mit Kampfsportarten wie Karate und Kung-Fu verwandt ist. Es umfasst Figuren und Übungen, die in fließendem Übergang ausgeführt werden und fördert die körperliche Fitness und die Konzentrationsfähigkeit. Manche Übungen sind auch zur Selbstverteidigung geeignet. Tai Chi wird häufig in Gruppen ausgeübt.

Kung-Fu (chinesisches Boxen) ist neben Karate die bekannteste Kampfsportart. Beim Kung-Fu werden Beinstöße, Schläge, Würfe, Körperdrehungen, Ausweichbewegungen, Haltegriffe, Duckstellungen und schnelles Hochspringen, Sprünge und Abrollen, Radschlagen und Überschläge eingesetzt. Bei diesen Bewegungstechniken wird öfter als bei Karate die geöffnete Hand eingesetzt, wie z. B. für Klammer- und Reißbewegungen.

Karate ist eine waffenlose Kampfsportart, deren Wurzeln im China des fünften vorchristlichen Jahrhunderts liegen und die im 16. Jahrhundert in Japan weiterentwickelt wurde. Das moderne Karate wurde von dem Japaner Gichin Funa-Koshi zu Beginn des 20. Jahrhunderts verbreitet.

Beim Jiu-Jitsu (vom japanischen Jiu: „sanft") verwenden die Kämpfer Haltegriffe, Würgegriffe, Würfe, Hebelgriffe, Tritte und Atemi (Schläge auf empfindliche Körperstellen). Diese Techniken sind nur insofern sanft, als sie dazu dienen, einen Angriff abzuwehren oder unter Kontrolle zu bringen. Schwere oder tödliche Verletzungen sind möglich.

Thema: ______________________________

Jiu-Jitsu: ______________________________

____

Kung-Fu: ______________________________

____

4.3 Sachtexte erschließen: Texte strukturieren

Regel

Bedeutung unbekannter Wörter klären

Vor allem die Erschließung längerer und fachspezifischer Sachtexte verlangt mehrere Vorarbeiten. So solltest du bereits beim ersten Lesen **unbekannte Wörter und Wendungen anstreichen**. Man kann sie mithilfe eines Fragezeichens **am Rand kennzeichnen**. Anschließend kannst du diese unbekannten Wörter **nachschlagen**. Dazu ist ein Fremdwörterbuch geeignet, aber auch ein Lexikon oder das Internet (mit einer Suchmaschine).

5 Unterstreiche alle dir unbekannten Wörter im Text 4 .

6 Kläre die Bedeutung der gekennzeichneten Wörter mithilfe eines Nachschlagewerkes. Notiere die Bedeutung in den Zeilen unter dem Text.

7 Formuliere das Thema des Textes in einem Satz.

Text 4

Judo ist eine Sportart, in der sich die Sportlerinnen und Sportler auf variierende situative Bedingungen einstellen müssen. Der Gegner oder die Gegnerin bevorzugt zwar in der Regel einen festen Set an Fertigkeiten, sie können aber aus unterschiedlichen Positionen eingesetzt werden, mit unterschiedlicher Geschwindigkeit und unterschiedlichen Intentionen. Ständige Positionswechsel zwingen daher zur Antizipation des „Möglichkeitsraumes" erfolgversprechender Fertigkeiten, der sich mit einer bestimmten Position bei einem bestimmten Gegner ergibt. Die Fähigkeit zur Anpassung der Fertigkeiten an variierende situative Bedingungen ist deshalb von ebenso großer Bedeutung für erfolgreichen Wettkampf wie die Fähigkeit, Situationen vorherzusehen und zu klassifizieren.

aus: Matthias Schierz: Judopraxis, Rowohlt Verlag, Reinbek bei Hamburg 1989.

Thema: ______________________________

Tipp

Informationssuche im Internet

Bei der Informationssuche im Internet helfen Suchmaschinen wie z. B. www.google.de, www.yahoo.de oder www.altavista.de. Entscheidend für eine erfolgreiche Suche ist die **richtige Eingabe des gesuchten Begriffes**.
Eingabe *Judo*: Es werden alle Seiten aufgelistet, die diesen Begriff enthalten.
Eingabe *+ Judo + Regeln*: Es werden nur die Seiten aufgelistet, die beide Begriffe enthalten. Dieses Vorgehen ist also zielgenauer.
Eingabe *„Judoregeln im Überblick"*: Die aufgelisteten Seiten enthalten die gesamte Formulierung.

8 Mithilfe des Schlagwortkataloges hast du vier Buchtitel gefunden. Kreuze an, welche Bücher sich am besten für einen Kurzvortrag zum Thema Kung-Fu eignen. Begründe deine Wahl.

a) „Kung-Fu Action in Hollywoodfilmen" ☐ ____________________

b) „Kung-Fu für Anfänger" ☐ ____________________

c) „Die heilende Wirkung von Kung-Fu" ☐ ____________________

d) „Wie Kung-Fu nach Europa kam" ☐ ____________________

9 Welche Seiten zeigt eine Internet-Suchmaschine an, wenn *+Kung-Fu +Deutschland* eingegeben wird?

____

Regel

Unterstreichungen und Randbemerkungen

- Eine bewährte Technik zur Erschließung des Inhalts von Sachtexten ist das Unterstreichen wesentlicher Inhalte. Solche Markierungen können **Wesentliches hervorheben** und den **Text gliedern**.
- Anschließend kann der so bearbeitete Text **abschnittsweise** durch **Überschriften** am Rand oder in Einzelsätzen zusammengefasst werden.

So aufbereitet fällt es leichter, den Inhalt in eigenen Worten zu notieren.

10 Lies Text 5 und notiere anschließend das Thema in einem Satz.

____

____

11 Unterstreiche die wesentlichen Aussagen in jedem Abschnitt.

12 Gib jedem Absatz eine Überschrift und trage sie in die vorbereiteten Zeilen unter dem Text ein.

13 Fasse den Hauptinhalt des Textes in eigenen Worten zusammen. Arbeite im Heft.

Text 5

Der Judosport entwickelte sich aus der japanischen Kampfkunst des Jiu-Jitsu, dem die Kampftechniken der Samurai im aristokratischen Japan des 4. bis 12. Jahrhunderts zugrunde liegen. Jiu-Jitsu bedeutet übersetzt in etwa „sanfte Kunst" und enthält neben Wurf- auch Schlag- und Tritttechniken sowie tödliche Techniken. In der Zeit zwischen 1603 und 1868 entwickelten sich in Japan mehrere verschiedene Schulen, die unterschiedliche Stile des Jiu-Jitsu praktizierten. 1868 drohten die Kampfkünste jedoch aufgrund der Öffnung Japans Richtung Westen in Vergessenheit zu geraten, da sie als altmodisch und rückständig galten.

Der Japaner Jigoro Kano, der Schüler bei den größten und wichtigsten Meistern des Jiu-Jitsu seiner Zeit war, suchte nach den grundlegenden Prinzipien dieser Techniken. So schuf er den Begriff des Judo. Dieser setzt sich aus den Silben „Ju", was soviel bedeutet wie „Sanftheit/Nachgeben" und der Silbe „do", deren Bedeutung „der Weg" ist, zusammen. Der Begriff Judo bedeutet also „der sanfte Weg" beziehungsweise „der Weg des Nachgebens" und war 1882 die Grundlage der ersten 40 Grundwürfe des Judo (Gokyo von Kano). Im gleichen Jahr gründete Kano seine eigene Schule, er gab ihr den Namen Kodokan, was übersetzt „Haus zum Erlernen des Weges" bedeutet. Diese Schule wurde zur zentralen Verbreitungsstelle der neuen Lehre und gibt bis heute die Richtlinien des Judos vor.

Im Mittelpunkt von Kanos Lehre standen zum einen das gegenseitige Helfen und Unterstützen, zum anderen aber auch eine besondere Ehrerbietung gegenüber dem Meister, was sich dadurch äußerte, dass in der Trainingshalle (Dojo) große Bilder des Meisters an den Wänden hingen und dieser auch meistens eine erhöhte Position beim Sitzen einnahm. Entscheidend für den Erfolg des Judo war es auch, dass Kano alle tödlichen Techniken sowie Schlag- und Tritttechniken und Techniken, die Angriffe auf Finger-, Fuß- und Beingelenke beinhalteten, vollständig aus dem

Judo entfernte. Des Weiteren integrierte Kano Fallübungen, da Judo durch das Verbieten von Schlägen und Tritten enorm wurflastig wurde. Aufgrund der geringeren Verletzungsgefahr entwickelte die japanische Gesellschaft ein reges Interesse an dem Sport, sodass Judo schnell sehr populär und beliebt wurde.
1906 wurde schließlich in Berlin die erste deutsche Jiu-Jitsu Schule von Erich Rahn gegründet. Dieser schaffte es, den japanischen Kampfsport nach und nach in Deutschland zu integrieren. So entstand schließlich 1932 der Deutsche Judo-Ring. In den Jahren des Nationalsozialismus wurde bis 1941 jährlich eine deutsche Meisterschaft ausgerichtet. Nach dem Zweiten Weltkrieg wurde Judo zunächst von den Alliierten verboten, weil es als Kampfsportart galt. 1953 gründete sich schließlich der Deutsche Judo-Bund in der BRD und 1958 der Deutsche Judoverband in der DDR. Ende 1990 schloss sich der Deutsche Judoverband dem Deutschen Judo-Bund an, der heute als einziger nationaler Verband vom Kodokan anerkannt ist.

aus: www.judobund.de

Thema: ______________________________

____

Absatz 1: ______________________________

____

____

Absatz 2: ______________________________

____

____

Absatz 3: ______________________________

____

____

Absatz 4: ______________________________

____

____

4.4 Inhalte zusammenfassen und veranschaulichen

Regel

Textinformationen anschaulich darstellen

Die aus dem Text gewonnenen Informationen sollten so notiert werden, dass diese auch ohne Text verständlich und hilfreich sind. Dazu gibt es verschiedene Möglichkeiten.

1. Mit einem **Diagramm** kann man Informationen, die sich in Zahlen ausdrücken lassen, anschaulich darstellen, zum Beispiel die Anzahl der Mitglieder des Deutschen Judoverbandes und den Anteil der 12- bis 14-Jährigen.
2. Durch einen **Cluster** können verschiedene Aspekte eines Themas dargestellt werden, zum Beispiel die unterschiedlichen Wurftechniken beim Judo.
3. In einem **Zeitstrahl** lassen sich chronologische Abläufe darstellen, zum Beispiel die historische Entwicklung des Judo.
4. Eine **Strukturskizze** dient der Darstellung von Zusammenhängen. Dabei ist es wichtig, die Beziehungen zwischen den einzelnen Fakten zu verdeutlichen, zum Beispiel Wurf- und Falltechniken zu unterscheiden.

14 Gliedere den Text 6 in Abschnitte und unterstreiche die wesentlichen Aussagen in jedem Abschnitt.

15 Schreibe die wichtigsten Fakten abschnittweise heraus.

16 Gib dem Text eine Überschrift.

17 Stelle die aus dem vierten Abschnitt des Textes gewonnenen Informationen mithilfe eines Diagramms anschaulich dar. Arbeite im Heft.

Text 6

Judo heißt „sanfter Weg" und ist ein faszinierender Kampfsport, der aus Japan kommt, inzwischen aber Millionen Anhänger in aller Welt gefunden hat. Judo, das bedeutet auch, die maximale Wirkung bei einem Minimum an Aufwand zu erzielen: eine gleichzeitige Herausforderung für Geist und Körper. Durch das Wechselspiel zwischen Angriff und Verteidigung trägt Judo dazu bei, dass sich der Judoka zu einem harmonischen Menschen entwickelt.

Der Judosport feierte im Mutterland Japan 1964 bei den Olympischen Spielen in Tokio seine olympische Premiere und gewinnt seither durch die weltweite Publizität neue Anhänger. So auch in Deutschland: Große und kleine Judosportler sind im Deutschen Judo-Bund (DJB) organisiert, der seinerseits Mitglied im Deutschen

Olympischen Sportbund (DOSB) ist. Deutsche Judosportler waren in den vergangenen Jahrzehnten bei Olympischen Spielen, Welt- und Europameisterschaften sehr erfolgreich. Zahlreiche Medaillen und Titel sind dafür der beste Beweis. Im internationalen Vergleich gehört Deutschland damit neben Japan, Frankreich, Korea und Russland zur Weltspitze.

Im Freizeitverhalten von Jugendlichen spielt der Sport eine große Rolle. Eine Alternative neben Judo als Leistungssport ist die Selbstverteidigung. Der Judosport schafft die notwendigen Freiräume zur eigenen Entfaltung und zeigt den Weg zu Selbstbehauptung und Selbstvertrauen.

Die Entwicklung der Mitgliederzahlen des Deutschen Judobundes im Bereich der Jugendlichen zeigt insgesamt eine positive Entwicklung. Während 1959 6493 Jugendliche im DJB organisiert waren, wuchs die Zahl im Jahr 1970 auf 45561 an. Fünf Jahre später waren es 91359 jugendliche Mitglieder. 1980 wurde mit 121360 Mitgliedern ein vorläufiger Höchststand erreicht. Auch wenn die Zahl im Jahr 1985 auf 102085 sank, war bereits weitere fünf Jahre später ein erneuter Anstieg auf 122698 jugendliche Mitglieder zu verzeichnen. Das Jahr 1995 markiert mit 175575 Mitgliedern einen erneuten Höchststand, der mit 172006 angemeldeten Jugendlichen im Jahr 2000 und 158568 Mitgliedern 2005 bisher nicht wieder erreicht werden konnte.

Absatz 1: ______________________________

____

____

Absatz 2: ______________________________

____

____

Absatz 3: ______________________________

____

____

Absatz 4: ______________________________

____

Überschrift: ______________________________

Tipp

Informationssuche in der Bibliothek

Nachschlagewerke und weitere Sachbücher gibt es in Bibliotheken. Um im riesigen Bestand einer Bibliothek das richtige Buch zu finden, helfen gewisse Arbeitsschritte:

1. **Schlagwörter** zum Thema formulieren (z. B. zum Thema Judo: Kampfsport, Fallübungen, Judoverein).
2. Im **Schlagwortkatalog** der Bibliothek kann man herausfinden, welche Sachbücher, Zeitschriften oder Filme es zum gesuchten Thema gibt.

18 Notiere Schlagwörter zum Thema Karate.

Training plus

34 Woran erkennt man meinungsbildende Sachtexte?

35 Wie bezeichnet man Texte, in denen vor allem Fakten vermittelt werden?

36 Welche Arbeitstechniken sollten verwendet werden, um den Inhalt eines unbekannten Textes möglichst schnell zu erfassen?

37 Wann eignet sich ein Zeitstrahl zur Darstellung von Informationen?

38 Welche Informationen lassen sich in einem Diagramm veranschaulichen?

39 Was bedeutet „selektives Lesen"?

40 Wie bereitest du dich vor, wenn du in der Bibliothek Materialien für ein Referat suchst?

41 – 43 Nenne drei Möglichkeiten, um unbekannte Wörter oder Wendungen zu erschließen.

41

42

43

44 Mithilfe einer Internet-Suchmaschine suchst du nur Informationen zur Geschichte des Kung-Fu in Deutschland. Was musst du in das Fenster der Suchmaschine eingeben, um möglichst genaue Treffer zu erzielen?

45 / 46 Was bedeuten bei der Eingabe in eine Internetsuchmaschine die folgenden Zeichen?

45 „"

46 +

47 Nenne zwei Internet-Suchmaschinen.

Japan

Japan ist der viertgrößte Inselstaat der Welt. Er liegt im Pazifik vor den Küsten Russlands, Nord- und Südkoreas sowie vor der Küste Chinas. Japan ist eine Inselkette, die sich entlang der Ostküste Asiens erstreckt. Die Hauptinseln sind Hokkaido im Norden, die zentrale und größte Insel Honshu sowie Shikoku und Kyushuim im Süden. Dazu kommen über 6000 kleinere Inseln. Über den gesamten Archipel verläuft eine Gebirgskette, die ungefähr 73 Prozent der Landmasse Japans ausmacht. Der höchste Berg Japans ist der Fujisan auf der Hauptinsel Honshu (3776 m über dem Meeresspiegel). Hauptsächlich in den Hauptballungsgebieten, wie Kanto (mit Tokio und Yokohama) oder Kansai (mit den großen Städten Osaka und Kobe), finden sich größere Ebenen. Aufgrund des Mangels an Flachland werden Berghänge durch Terrassenfeldbau kultiviert.

Das Klima in Japan ist sehr verschieden. Es reicht von der kaltgemäßigten Klimazone in Hokkaido mit kalten und schneereichen Wintern bis in die Subtropen in der Präfektur Okinawa. Dazu kommt der Einfluss von Winden - im Winter vom asiatischen Kontinent zum Meer, und im Sommer vom Meer zum Kontinent. Im späten Juni und frühen Juli fällt im Süden ein Großteil des Jahresniederschlags als monsunartige Regenfront. Im Frühsommer beginnt die Taifun-Saison, bei der vor allem der Süden und Südwesten Japans von über dem Pazifischen Ozean entstehenden Wirbelstürmen betroffen ist. Statistisch gesehen erreichen Japan die meisten Taifune im September, obwohl sie im Pazifikraum im August am häufigsten sind. Der stärkste je aufgezeichnete und einer der verheerendsten Taifune war der Taifun von 1959, bei dem über 5 000 Menschen ums Leben kamen.

Die letzte Volkszählung aus dem Jahr 2004 weist eine Gesamtbevölkerung Japans von rund 127 Mio. Menschen aus. Die japanische Gesellschaft ist ethnisch und sprachlich weitgehend homogen. Trotzdem lassen sich in Japan unterschiedliche Bevölkerungsgruppen ausmachen, in erster Linie nach Generation, Geschlecht, Bildungsstand und direkt damit zusammenhängend nach Erwerbssituation und Einkommen sowie nach Stadt und Land. Aktuelle Probleme der japanischen Gesellschaft sind der Rückgang der Geburtenziffer, die Überalterung und Jugendarbeitslosigkeit.

Sport ist in Japan bereits im 7. Jahrhundert nachgewiesen, als eine Gesandtschaft aus Korea am Hof der Kaiserin durch einen Sumokampf unterhalten wurde. Die Krieger im 11. Jahrhundert betrieben ebenfalls Sport als Vorbereitung auf den Kampf, in erster Linie Schwertkampf, Reiten, Bogenschießen und Schwimmen. Im friedlichen 17. und 18. Jahrhundert verfeinerten die zu Verwaltungsbeamten gewordenen Samurai diese Techniken zur Kampfkunst. In der zweiten Hälfte des 19. Jahrhundert kam auch der westliche Sport nach Japan, darunter athletische Sportarten und Mannschaftssportarten wie Baseball, heute der beliebteste Sport, und Fußball. Anfang des 20. Jahrhunderts wurden aus den klassischen Kampfsport-Künsten die heutigen Kampfkünste und Kampfsportarten entwickelt, darunter Judo und Aikido. Heutzutage betreiben die Japaner eine breite Vielfalt an Sportarten, in erster Linie in Clubs, an Schulen und Universitäten. Die Insellage hat Windsurfen und Tauchen sehr beliebt gemacht. Als sehr teurer Sport gilt Golf, eine Mitgliedschaft in einem Golfclub können sich nur die wirklich gut Verdienenden leisten. Hokkaido und die Präfektur Nagano sind Zentren des Wintersports.

1 Lies den Text und fasse anschließend das Thema in einem Satz zusammen. __/5

____

____

2 Unterstreiche im Text alle dir unbekannten Wörter und kläre Sie mithilfe eines Nachschlagewerkes. Notiere ihre Bedeutung im Heft. __/8

3 Gib den einzelnen Abschnitten Teilüberschriften. __/8

4 Suche die Abschnitte heraus, in denen du Aussagen zu Klima und Lage Japans findest. Unterstreiche die wesentlichen Fakten. Notiere sie anschließend stichwortartig in eigenen Worten. __/20

5 Formuliere zu dem Text eine passende Überschrift. __/4

____

6 Was muss in das Fenster einer Internet-Suchmaschine eingegeben werden, um möglichst genaue Treffer zum Thema Fußball in Japan zu erzielen? __/4

____

7 Suche die Abschnitte heraus, in denen du Aussagen zum Sport in Japan findest. Unterstreiche die wesentlichen Fakten. Notiere sie anschließend stichwortartig in eigenen Worten. __/14

8 Stelle die aus dem Text gewonnenen Informationen zum Sport in Japan in einer Strukturskizze anschaulich dar. Überlege dir dafür zunächst Kategorien (z. B. traditionelle und moderne Sportarten). __/20

Gesamtpunktzahl __/83

5. Analyse literarischer Texte

„Ein Buch ist ein Garten, den man in der Tasche trägt." Und genauso, wie man die Früchte eines Gartens nicht ohne Arbeit ernten kann, bedarf es einiger Anstrengung, um die Besonderheiten literarischer Texte zu erkennen, bevor man in die dargestellte Welt eintauchen und sie genießen kann.

5.1 Analyse epischer Texte: Romane und Kurzgeschichten

Regel

Epische Texte

Zu den epischen Texten zählen **erzählende Texte**, wie zum Beispiel Märchen, Sagen, Fabeln, Kurzgeschichten, Anekdoten, Kalendergeschichten, aber auch Erzählungen und Romane.

1 Lies den Auszug aus dem Jugendbuch „Im roten Hinterhaus" aufmerksam und notiere kurz deinen ersten Leseeindruck.

In dem Jugendbuch „Im roten Hinterhaus" beschreibt Peter Berger die Jugend eines Jungen, Manfred Peters, der mit seinen sieben Geschwistern in einer Industriestadt am Rhein die Zeit der Weltwirtschaftskrise um 1920 und den Aufstieg Hitlers erlebt.

Text 1: Im roten Hinterhaus *Peter Berger*

Mein Vater konnte alles: Haare schneiden, Schuhe besohlen, Tische machen, Gurken einlegen, Gänse schlachten, anstreichen, kochen und sogar auf der Nähmaschine nähen. Er konnte keines der Dinge meisterhaft, aber er konnte es. Wir Jungen aus dem Hinterhaus waren für unsere Haarschnitte berühmt. Jeden Karsamstag wurde aus unserem Kopf eine Runkelrübe. Unsere Kopfhaare verschwanden an diesem Schreckenstag vollständig. Sonntags 8.30 Uhr tanzten wir Kinder alle einträchtig zur Schulmesse. Wir vier Brüder standen immer in der gleichen Bank; es war die vierte von vorn. Wie die Pfeifen der Kirchenorgel standen wir da nebeneinander. Es war ein ungeschriebenes Gesetz, dass „unsere Bank" beim

Schulgottesdienst für uns frei blieb. Wehe, wenn sich andere darin breitmachten. Wir vergaßen dann jegliche Andacht.

Ostersonntag war während der Schulmesse immer viel los, wenn unsere Glatzen spiegelten. Selbst die Aufsicht habenden Lehrposten hatten Mühe, nicht mitzulachen. Besonders schlimm war es immer in der Reihe hinter uns. Ich bin überzeugt, dass unser Pastor während der Predigt krampfhaft bemüht war, nicht in die Richtung zu schauen, in der wir vier kahlköpfigen Brüder standen. Unser Pastor hatte ein rundes, faltenloses und frisches Gesicht; er lachte gern und sehr laut. Warum auch nicht, es ging ihm gut. Er war eine Seele von Mensch. (…)

Um noch einmal unsere zu Ostern kahl geschorenen Schädel zu erwähnen: Unser Vater behauptete, das Haar sei, wie alles, was wächst, den Naturgesetzen unterworfen. So wie eine Wiese nur dann gesundes und kräftiges Futter hervorbringe, wenn sie kurz gemäht würde und besonders im Frühjahr eine gründliche Behandlung erfahre, so sei es auch mit unseren Köpfen; mit seinem übrigens auch. Also saßen wir Ostermittag zu insgesamt fünf Glatzköpfigen am Tisch.

aus: Peter Berger: Im roten Hinterhaus. Arena Verlag, Würzburg 1995, S. 14–15.

2 Welche Episode aus dem Leben der Hauptfigur des Jugendbuchs wird dargestellt? Fasse sie knapp zusammen.

3 Untersuche den Inhalt des Textes nun genauer.

a) Betrachte die Figuren und unterstreiche Angaben zu den Personen.

b) Eine besondere Rolle spielt der Vater. Wie wird er beschrieben?

4 Die Hauptfigur, die die Geschichte erzählt, ist über die alljährliche Prozedur des Haareschneidens nicht erfreut. An welchen sprachlichen Mitteln wird dies deutlich? Notiere entsprechende Textstellen.

Regel

Erzählperspektive

Jeder Erzähler stellt die Geschichte aus seinem Blickwinkel dar. Dabei ist der Erzähler nicht identisch mit dem Autor. Man unterscheidet verschiedene Erzählperspektiven:

- Der **Ich-Erzähler** erzählt die Geschichte aus der Perspektive einer an der Handlung beteiligten Figur in der Ich-Form. Er bezieht seine Gedanken, Gefühle, Überlegungen und Wertungen mit ein.
- Der **personale Erzähler** ist ebenfalls eine an der Handlung beteiligte Person und betrachtet die Situation und Figuren aus dieser Sicht. Er kann aber nicht in andere Figuren hineinsehen oder über das Geschehen hinausblicken. Er erzählt in der Er- oder Sie-Form.
- Der **auktoriale Erzähler** ist allwissend. Er steht über der Geschichte, kann Zusammenhänge überschauen und in die Figuren hineinsehen. Von den Figuren wird in der 3. Person berichtet (Er- oder Sie-Form).

5 Welche Erzählperspektive wird im Text „Im roten Hinterhaus" gewählt? Begründe deine Antwort mit Textbelegen.

Regel

Kurzgeschichten

Kurzgeschichten erzählen in knapper Form und alltäglicher Sprache einen Ausschnitt aus dem Leben eines Menschen. Diese **Alltagssituation** ist auf eine **kurze Zeitspanne** und auf einen **Ort begrenzt**. Kurzgeschichten führen unvermittelt, d.h. **ohne Einleitung**, in das Geschehen ein und haben einen **offenen, abrupten Schluss**.

Text 2

Nasen kann man so und so sehen *Ingrid Kötter*

Es ist fast 20 Uhr, als Onkel Thomas aus Kanada zu Besuch kommt. Er will sofort Irina begrüßen.

„Warte einen Augenblick!", bittet die Mutter. „Irina ist jetzt vierzehn. Das ist ein schwieriges Alter. Um 20 Uhr ist eine Klassenfete. Mal will sie hingehn, dann wieder nicht. Sie hat eine fürchterliche Laune."

Irina steht in ihrem Zimmer vor dem Spiegel. In letzter Zeit steht sie oft dort. Mürrisch betrachtet sie ihr Gesicht von allen Seiten. „Diese Nase!", flüstert sie. „Diese entsetzlich große Nase! Eine Nase wie Manuela müßte man haben."

Alle Jungen in Irinas Klasse sind hinter Manuela mit der niedlichen Stupsnase und dem albernen Gekicher her.

Mit verbissenem Gesicht kratzt Irina an einem Pickel herum, befühlt eingehend ihre Nase und stöhnt. An manchen Tagen ist es wie verhext. Da kommt einfach alles zusammen: Zwei neue Pickel, davon einer mitten auf der zu großen Nase, die dadurch natürlich erst recht unangenehm auffällt. Und dann noch Onkel Thomas. Irina hat ihn mindestens drei Jahre nicht gesehen. Onkel Thomas ist Mutters jüngster Bruder. Er ist 23 Jahre alt, lebt in Kanada und hat die dämliche Angewohnheit, Irina bei jedem Wiedersehen hochzuheben und abzuküssen.

„Ich mag diese Küsserei nicht", sagt Irina zu ihrem Spiegelbild, geht zur Zimmertür und will sie abschließen. Das macht sie in letzter Zeit oft, wenn Besuch kommt, den sie nicht ausstehen kann.

„Sei nett zu meinem Lieblingsbruder! Er kommt extra aus Kanada", hat Mutter gesagt. Irina denkt an den schlaksigen, pickeligen Jüngling und denkt: Von mir aus kann er vom Mond kommen. Sie will den Schlüssel im Schloss herumdrehen. - Zu spät! Onkel Thomas steckt seinen Kopf zur Tür herein: „Hallo, kann ich reinkommen?" Schon ist er im Zimmer.

Sieht echt gut aus, der Typ. Hat mächtig breite Schultern gekriegt. Und dann der Bart! Mensch, hat der sich verändert. Er hebt Irina nicht hoch. Er küsst sie nicht ab. Er sieht mit ihr zusammen in den Spiegel, staunt, haut ihr kräftig auf die Schulter und sagt: „Meine Güte, du bist ja eine richtig hübsche junge Dame geworden!"

„Ach was! Quatsch keinen Käse!", sagt die junge Dame und hält ihr Gesicht ganz dicht vor die Spiegelscheibe. „Sieh dir diese Pickel an und dann meine Nase!"
„Pickel hatte ich in deinem Alter auch", sagt Onkel Thomas. „Siehst du noch welche? Und was deine Nase betrifft, tröste dich! Du bist erst vierzehn. Du und deine Nase, ihr wachst ja noch."
Irina reißt entsetzt die Augen auf. „Wächst noch? Meine Nase? - Alles! Bloß das nicht!"
Sie betrachtet sich im Spiegel. Ihre Augen füllen sich mit Tränen.
„Na, na!" sagt Onkel Thomas. „Ich finde deine Nase ja schon fast richtig, aber noch ein wenig zu klein."
„Zu klein?????" Irina wischt sich eine Träne ab und sieht ungläubig in den Spiegel.
„Na ja", meint Onkel Thomas. „Man kann Nasen so und so sehen. Es kommt auf den Betrachter an."
„Wie siehst du es denn?"
„Also, wenn du mich fragst, ich kann zum Beispiel Frauen mit Stupsnasen nicht ausstehen. Kleine Mädchen mit Stupsnasen, na gut. Aber Frauen mit Stupsnasen sind für mich einfach unmöglich. Viel zu niedlich. Zu puppig. Keine frauliche Ausstrahlung. Magst du etwa Stupsnasen?"
„Ich? - Nein. - Eigentlich nicht." Irina strahlt ihren Onkel an, fällt ihm um den Hals und küsst ihn ab. „Oh, Onkel Thomas! Wenn du wüsstest! Du bist prima! Kannst ruhig mal wieder vorbeikommen! Tschüss! Ich muß weg. Wir haben jetzt 'ne Klassenfete."

Ingrid Kötter: Nasen kann man so und so sehen. Aus: Hans-Joachim Gelberg (Hrsg.): Augenaufmachen, 7. Jahrbuch der Kinderliteratur, © 1984 Beltz & Gelberg in der Verlagsgruppe Beltz, Weinheim & Basel.

6 **Lies den Text und beschreibe in ein bis zwei Sätzen die Alltagssituation, die in dieser Geschichte dargestellt wird.**

7 Weise nach, dass diese Geschichte eine Kurzgeschichte ist. Nenne die typischen Merkmale.

8 Lies den Text noch einmal und bestimme die Erzählperspektive. Kreuze an.

- ☐ Der Erzähler ist selbst als handelnde Figur beteiligt.
- ☐ Der Erzähler steht außerhalb der Geschichte.
- ☐ Er kann sich in das Denken und Handeln der Figuren hineinversetzen.
- ☐ Sein Wissen ist begrenzt auf eine Figur.
- ☐ Er kann an verschiedenen Orten gleichzeitig sein.
- ☐ Er kennt Vergangenheit, Gegenwart und Zukunft der Figur.
- ☐ Die Geschichte wird in der Ich-Form erzählt.
- ☐ Die Geschichte wird in der Er-/Sie-Form erzählt.
- ☐ Von den Figuren wird in der 3. Person berichtet.

9 Untersuche den Inhalt der Kurzgeschichte genauer. Übertrage dazu die Tabelle in dein Heft und vervollständige sie.

a) Unterteile den Text in Sinnabschnitte.

b) Fasse den Inhalt der Abschnitte knapp zusammen und stelle den Handlungsverlauf dar.

Zeile	Inhaltszusammenfassung
Z. 1 – 5	Onkel Thomas aus Kanada besucht seine Schwester nach langer Zeit. Diese warnt ihn vor dem Zusammentreffen mit ihrer 14-jährigen, derzeit etwas launischen Tochter.
Z. 6 –	…

10 Wo tritt eine unerwartete Wende ein? Markiere die Stelle im Text.

11 Formuliere mithilfe deiner Überlegungen eine Inhaltsangabe. Schreibe diese in dein Heft.

Tipp

Eine **Inhaltsangabe** fasst sachlich und kurz den Hauptinhalt eines literarischen Textes zusammen.

- Die **Einleitung** enthält Angaben zum Verfasser, zur Textsorte, zum Titel sowie zum Thema des Textes und nimmt gegebenenfalls eine Einordnung in Ort und Zeit der Handlung vor.
- Im **Hauptteil** wird der Handlungsverlauf dargestellt. Hilfreich ist eine Orientierung an den **W-Fragen: Wer** ist beteiligt? **Wo** spielt die Handlung? **Wie** handeln die Figuren? **Warum** passiert etwas? **Was** geschieht?
- Im **Schluss** werden die Textaussage und Autorenabsicht zusammenfassend dargestellt.
- Eine Inhaltsangabe enthält keine wörtliche Rede und wird im Präsens bzw. Perfekt abgefasst.

5.2 Analyse epischer Texte: Kalendergeschichten und Anekdoten

Regel

Kalendergeschichten

Kalendergeschichten sind kurze Erzählungen, die zum Zweck der **Unterhaltung**, aber auch **Belehrung** ursprünglich in Kalendern für den Hausgebrauch veröffentlicht wurden.

Johann Peter Hebels gesammelte Kalendergeschichten erschienen 1811 beispielsweise im „Schatzkästlein des Rheinischen Hausfreundes". Weitere bekannte Vertreter dieses Genres sind Bertolt Brecht und Oskar Maria Graf.

Die Kalendergeschichten in Text 3 und 4 zeichnen sich durch ihre Kürze aus, vermitteln aber dennoch auf unterhaltsame Weise eine Lehre.

Text 3

Erfolg *Bertolt Brecht*

Herr K. sah eine Schauspielerin vorbeigehen und sagte: „Sie ist schön." Sein Begleiter sagte: „Sie hat neulich Erfolg gehabt, weil sie schön ist." Herr K. ärgerte sich und sagte: „Sie ist schön, weil sie Erfolg gehabt hat."

aus: Bertolt Brecht: Werke. Große kommentierte Berliner und Frankfurter Ausgabe, Band 18,

12 Unterstreiche die Schlüsselwörter im Text 3.

Notiere die Antwort auf die Fragen 13 bis 16 im Heft.

13 In welcher Beziehung steht der Titel zum Text?

14 In welcher Situation befinden sich die handelnden Figuren?

15 Untersuche den Aufbau der Geschichte. Beachte dabei, wer spricht und was jeweils in der wörtlichen Rede ausgesagt wird.

16 Fasse die Textaussage zusammen.

Info plus

Bertolt Brecht (1898–1956) schuf die Figur des Herrn Keuner ursprünglich im Zusammenhang mit seinen Lehrstücken als Figur des „Denkenden", der das Geschehen kommentiert. Dann tauchte die Figur auch in den insgesamt 87 „Geschichten vom Herrn Keuner" auf, die Brecht über einen Zeitraum von mehr als 30 Jahren schrieb.

Text 4

Erträglicher Affront *Bertolt Brecht*

Ein Mitarbeiter Herrn K.s wurde beschuldigt, er nehme eine unfreundliche Haltung zu ihm ein. „Ja, aber nur hinter meinem Rücken", verteidigte ihn Herr K.

aus: Bertolt Brecht: Werke. Große kommentierte Berliner und Frankfurter Ausgabe, Band 18,

Notiere die Antworten auf die Aufgaben 17 bis 20 in deinem Heft.

17 Welche Ausgangssituation wird dargestellt?

18 Wie reagiert Herr K. auf die Anschuldigung?

19 Untersuche die Überschrift genauer. Schlage dazu die Bedeutung des Wortes *Affront* im Wörterbuch nach.

20 Fasse die Textaussage zusammen und erkläre, wieso Brecht diesen Titel gewählt hat.

Regel

Anekdoten

Anekdoten sind kurze **Erzählungen** mit einer oft witzigen **Pointe**, die Begebenheiten aus dem Leben bekannter Persönlichkeiten oder historische Ereignisse schlaglichtartig darstellen.

21 Die folgende Anekdote schildert ein historisch verbürgtes Ereignis.

a) Lies den Text.

b) Schreibe in dein Heft, um welches Ereignis es sich handelt.

Text 5

Sonderbarer Rechtsfall in England *Heinrich von Kleist*

Man weiß, daß in England jeder Beklagte zwölf Geschworne von seinem Stande zu Richtern hat, deren Ausspruch einstimmig sein muß, und die, damit die Entscheidung sich nicht zu sehr in die Länge verziehe, ohne Essen und Trinken so lange eingeschlossen bleiben, bis sie eines Sinnes sind. Zwei Gentlemen, die einige Meilen von London lebten, hatten in Gegenwart von Zeugen einen sehr lebhaften Streit miteinander; der eine drohte dem andern, und setzte hinzu, daß ehe vier und zwanzig Stunden vergingen, ihn sein Betragen reuen solle. Gegen Abend wurde dieser Edelmann erschossen gefunden; der Verdacht fiel natürlich auf den, der die Drohungen gegen ihn ausgestoßen hatte. Man brachte ihn zu gefänglicher Haft, das Gericht wurde gehalten, es fanden sich noch mehrere Beweise, und 11 Beisitzer verdammten ihn zum Tode; allein der zwölfte bestand hartnäckig darauf, nicht einzuwilligen, weil er ihn für unschuldig hielte.

Seine Kollegen baten ihn, Gründe anzuführen, warum er dies glaubte; allein er ließ sich nicht darauf ein, und beharrte bei seiner Meinung. Es war schon spät in der Nacht, und der Hunger plagte die Richter heftig; einer stand endlich auf, und meinte, daß es besser sei, einen Schuldigen loszusprechen, als 11 Unschuldige verhungern zu lassen; man fertigte also die Begnadigung aus, führte aber auch zugleich die Umstände an, die das Gericht dazu gezwungen hätten. Das ganze Publikum war wider den einzigen Starrkopf; die Sache kam sogar vor den König, der ihn zu sprechen verlangte; der Edelmann erschien, und nachdem er sich vom Könige das Wort geben lassen, daß seine Aufrichtigkeit nicht von nachteiligen Folgen für ihn sein sollte, so erzählte er dem Monarchen, daß, als er im Dunkeln von der Jagd gekommen, und sein Gewehr losgeschossen, es unglücklicher Weise diesen Edelmann, der hinter einem Busche gestanden, getötet habe. Da ich, fuhr er fort, weder Zeugen meiner Tat, noch meiner Unschuld hatte, so beschloß ich, Stillschweigen zu beobachten; aber als ich hörte, daß man einen Unschuldigen anklagte, so wandte ich alles an, um einer von den Geschwornen zu werden; fest entschlossen, eher zu verhungern, als den Beklagten umkommen zu lassen. Der König hielt sein Wort, und der Edelmann bekam seine Begnadigung.

(Text nach alter Rechtschreibung vor 2006)
Heinrich von Kleist: Sonderbarer Rechtsfall in England. Aus: http://gutenberg.spiegel.de/?id=5&xid=1461&Kapitel=22&cHash=d60bd5ed222#gb_found.

22 Bestimme die Erzählperspektive.

____

____

23 Untersuche Struktur und Inhalt des Textes.

a) Gliedere den Text entsprechend dem Handlungsverlauf in Abschnitte.

b) Notiere kurz, wer handelt und was passiert. Schreibe in dein Heft.

Tipp

Um den **Handlungsverlauf** in einem Text oder das Balladengeschehen sicher herauszufinden, kannst du einen Trick anwenden. Stelle dir einfach vor, du solltest die Handlung verfilmen.
Was würdest du in deiner Verfilmung darstellen? Denke an den Ort und seine Besonderheiten, an die Zeit und an die Figuren. Wie sehen sie aus? Was tun sie und in welcher Reihenfolge? Was sagen sie?

24 Unterstreiche die Passage, in der der Erzähler allgemeine Hintergrundinformationen gibt.

25 An einer Stelle verwendet der Autor eine wörtliche Rede, ohne sie zu kennzeichnen.

a) Unterstreiche sie im Text.

b) Erkläre, was das Besondere an dieser Textstelle ist und welche Wirkung dadurch erreicht wird.

____

____

____

____

5.3 Analyse lyrischer Texte

Lyrik ist alles in Gedichtform Geschriebene und Überlieferte. Lyrik hat sich aus dem Lied entwickelt.

Text 6

fünfter sein *Ernst Jandl*

tür auf
einer raus
einer rein
vierter sein

tür auf
einer raus
einer rein
dritter sein

tür auf
einer raus
einer rein
zweiter sein

tür auf
einer raus
einer rein
nächster sein

tür auf
einer raus
selber rein
tagherrdoktor

aus: Ernst Jandl: Gesammelte Werke, Luchterhand Literaturverlag, München 1985.

Regel

Lyrik

- Gedichte sind in **Verse** und **Strophen** gegliedert. Die einzelnen Zeilen eines Gedichts werden als Verse bezeichnet. Strophen sind durch einen Absatz voneinander abgegrenzte Verse.
- In jedem lyrischen Text ist ein **lyrisches Subjekt** vorhanden, ein Sprecher, aus dessen Sichtweise das Dargestellte deutlich wird. Es kann als **lyrisches Ich** (oder lyrisches Wir) im Gedicht anwesend sein. Es kann aber auch nicht direkt in Erscheinung treten.
  Das lyrische Subjekt stellt Erlebnisse, ein Geschehen sowie Gedanken und Gefühle dar. Diese sprechende Person ist aber nicht identisch mit der Autorin oder dem Autor!
- Die **Sprache lyrischer Texte** ist oft kunstvoll verknappt und verdichtet sowie besonders formenreich.

26 In welcher Situation befindet sich das lyrische Subjekt?

27 Welche Beziehung besteht zwischen Titel und Text?

28 Beschreibe die formalen und sprachlichen Besonderheiten des Gedichts.

Tipp

Sprachliche Stilmittel

Die hier genannten sprachlichen Mittel sind oft in lyrischen Texten zu finden und dienen der Verdeutlichung, Veranschaulichung und Ausschmückung der Gedichtaussage. Wer sich die Begriffe und Beispiele einprägt, findet diese Figuren schnell auch in unbekannten Gedichten wieder.

Anapher: Wortwiederholung am Anfang zweier Sätze oder Verse.

Metapher: Eine Bedeutung wird ohne das Vergleichswort *wie* übertragen. Zwei Bildbereiche werden zu einem neuen Zusammenhang verknüpft *(das Feuer der Liebe, Türflügel)*.

Personifikation: Abstrakte Begriffe, konkrete Gegenstände und Tiere handeln und sprechen wie Personen *(die Sonne lacht, der Tag erwacht)*.

Vergleich: Zwei Dinge oder Eigenschaften werden durch *wie* oder *als* miteinander in Beziehung gesetzt *(listig wie ein Fuchs)*.

Zeilensprung (Enjambement): Das Satzende fällt nicht mit dem Versende zusammen, sondern der Satz wird über die Versgrenze hinweg fortgeführt.

29 Fasse die Autorenabsicht und Wirkung dieses Gedichts zusammen.

Text 7

Blauer Schmetterling *Hermann Hesse*

Flügelt ein kleiner blauer
Falter vom Wind geweht,
Ein perlmutterner Schauer,
Glitzert, flimmert, vergeht.
So mit Augenblicksblinken,
So im Vorüberwehn
Sah ich das Glück mir winken,
Glitzern, flimmern, vergehn.

aus: Hermann Hesse: Sämtliche Werke, Band 10: Die Gedichte, © Suhrkamp Verlag, Frankfurt am Main 2002.

Bearbeite die Aufgaben 30 bis 34 in deinem Heft.

30 Welches lyrische Subjekt berichtet in dem Gedicht?

31 In welcher Situation befindet sich das lyrische Subjekt? Welche Wahrnehmungen und Empfindungen werden dargestellt?

32 Mit welchen sprachlichen Mitteln wird der blaue Schmetterling beschrieben? Unterstreiche sie im Gedicht.

33 Untersuche die Form des Gedichts (Strophe, Verse, Reim, Sätze) und nenne weitere sprachlich-stilistische Besonderheiten.

34 Fasse die Gedichtaussage im Heft zusammen.

Regel

Ballade

- Die Ballade ist ein besonderes Genre der Lyrik, da in ihr **lyrische, epische und dramatische Elemente** eng zusammenwirken. Balladen erzählen Geschichten in Versen und sind in Strophen gegliedert.
- Das **Balladengeschehen** zeigt dem Leser anschaulich die durch den Dichter gestaltete Aussage über Mensch und Welt. Die Figuren werden durch ihr Handeln charakterisiert. Häufig gibt es ausdrucksstarke Dialoge.
- Im **Balladenurteil**, das direkt oder indirekt ausgesprochen worden sein kann, wird deutlich, wie der Dichter das Geschehen beurteilt und bewertet.

Text 8

Das Riesenspielzeug *Adelbert von Chamisso*

Burg Niedeck ist im Elsaß der Sage wohlbekannt,
Die Höhe, wo vorzeiten die Burg der Riesen stand;
Sie selbst ist nun verfallen, die Stätte wüst und leer;
Du fragest nach den Riesen, du findest sie nicht mehr.

Einst kam das Riesenfräulein aus jener Burg hervor,
Erging sich sonder Wartung und spielend vor dem Tor
Und stieg hinab den Abhang bis in das Tal hinein,
Neugierig zu erkunden, wie's unten möchte sein.

Mit wen'gen raschen Schritten durchkreuzte sie den Wald,
Erreichte gegen Haslach das Land der Menschen bald,
Und Städte dort und Dörfer und das bestellte Feld
Erschienen ihren Augen gar eine fremde Welt.

Wie jetzt zu ihren Füßen sie spähend niederschaut,
Bemerkt sie einen Bauern, der seinen Acker baut;
Es kriecht das kleine Wesen einher so sonderbar,
Es glitzert in der Sonne der Pflug so blank und klar.

„Ei! artig Spielding!" ruft sie, „das nehm ich mit nach Haus."
Sie kniet nieder, spreitet behend ihr Tüchlein aus
Und feget mit den Händen, was da sich alles regt,
Zu Haufen in ein Tüchlein, das sie zusammenschlägt;

Und eilt mit freud'gen Sprüngen – man weiß, wie Kinder sind –
Zur Burg hinan und suchet den Vater auf geschwind:
„Ei Vater, lieber Vater, ein Spielding wunderschön!
So allerliebstes sah ich noch nie auf unsern Höhn."

Der Alte saß am Tische und trank den kühlen Wein,
Er schaut sie an behaglich, er fragt das Töchterlein:
„Was Zappeliges bringst du in deinem Tuch herbei?
Du hüpfest ja vor Freuden; laß sehen, was es sei!"

Sie spreitet aus das Tüchlein und fängt behutsam an,
Den Bauern aufzustellen, den Pflug und das Gespann;
Wie alles auf dem Tische sie zierlich aufgebaut,
So klatscht sie in die Hände und springt und jubelt laut.

Der Alte wird gar ernsthaft und wiegt sein Haupt und spricht:
„Was hast du angerichtet? Das ist kein Spielzeug nicht!
Wo du es hergenommen, da trag es wieder hin!
Der Bauer ist kein Spielzeug, was kommt dir in den Sinn!

Sollst gleich und ohne Murren erfüllen mein Gebot;
Denn wäre nicht der Bauer, so hättest du kein Brot;
Es sprießt der Stamm der Riesen aus Bauernmark hervor;
Der Bauer ist kein Spielzeug, da sei uns Gott davor!"

Burg Niedeck ist im Elsaß der Sage wohlbekannt,
Die Höhe, wo vorzeiten die Burg der Riesen stand;
Sie selbst ist nun verfallen, die Stätte wüst und leer;
Und fragst du nach den Riesen, du findest sie nicht mehr.

aus: Adelbert von Chamisso: Das Riesenspielzeug. In: Ein Fischer saß im Kahne. Die schönsten deutschen Balladen des 19. Jahrhunderts. Aufbau-Verlag, Berlin und Weimar 1974, S. 45 f.

Lies die Ballade „Das Riesenspielzeug" und untersuche sie. Bearbeite die Aufgaben gegebenenfalls im Heft.

35 Beschreibe den Aufbau und die Form der Ballade.

36 Wähle eine Farbe und unterstreiche die Textpassagen, die das Balladengeschehen verdeutlichen.

37 Kennzeichne den Höhepunkt der Ballade im Text. Begründe deine Auswahl.

38 Unterstreiche das Balladenurteil in einer weiteren Farbe und erläutere es mit eigenen Worten.

39 Lies die folgende Einleitung zu einer Inhaltsangabe. Formuliere den kursiven Abschnitt um, indem du kürzt und zusammenfasst.

„Das Riesenspielzeug" von Adelbert von Chamisso ist eine Ballade, welche Anfang des 19. Jahrhunderts in der literarischen Epoche der Romantik verfasst wurde. *Dieser Ballade liegt eine Sage zugrunde. Sie handelt von Riesen und Burgen. Es ist eine Ortssage.*

Info plus

Die Literaturepoche der **Romantik** dauerte etwa von 1795 bis 1840. Die Autoren besannen sich in dieser Zeit auf die Vergangenheit und entdeckten die Volksdichtung wie Märchen, Sagen und Volkslieder neu. Sie ließen sich davon inspirieren und so entstanden in dieser Zeit unter anderem viele der schönsten deutschen Gedichte.
Das Adjektiv **„romantisch"** bedeutete ursprünglich „romanhaft". Im Zuge der Romantik wurde es dann aber immer mehr im Sinne von „poetisch", „stimmungsvoll" oder „gefühlsbetont" verwendet.

40 **Lies die beiden Ausschnitte aus dem Hauptteil der Inhaltsangabe. Beurteile sie unter dem Gesichtspunkt ihrer inhaltlichen Korrektheit und sprachlichen Angemessenheit.**

1) Ein Riesenfräulein der Burg Niedeck im Elsaß spaziert im Reich der Menschen. Auf ihrer Reise trifft sie auf einen arbeitenden Bauern. Sie hält ihn jedoch für ein Spielzeug und nimmt das Menschengebilde mit auf die Burg ihres Vaters. Als sie ihr neues Spielgerät ihrem Vater zeigt, wird dieser ernst und belehrt sie, dass der Bauer nicht zum Spielen da sei. Also soll sie ihn wieder an seinen rechten Platz bringen.

2) Ein Riesenfräulein, welches die schützende Riesenburg Niedeck verlässt, macht einen Spaziergang in die Menschenwelt. Im Elsaß findet sie einen Bauern und nimmt ihn als Spielzeug mit nach Hause. Doch der Vater belehrt sie, die Arbeit des Bauern zu achten, und befiehlt, ihn wieder zurückzubringen.

48 Welche Textarten gehören zu den epischen Texten? Nenne fünf Beispiele.

____

49 Woran erkennt man eine Kurzgeschichte? ______________________________

____

50 Was versteht man unter einer Anekdote?

____

51 Nenne zwei bedeutende Verfasser von Kalendergeschichten.

____

52 Nenne zwei Textarten, die nicht nur unterhalten, sondern vor allem belehren wollen.

____

53 Mit welcher Erzählperspektive kann man besonders gut in eine Figur hineinschauen und ihre Gedanken oder Gefühle wahrnehmen?

____

54 Was versteht man unter einem Enjambement? ______________________________

55 Handeln Tiere oder Gegenstände in Texten wie Menschen, nennt man dies:

____

56 Wie heißt die sprechende Person in einem Gedicht? ______________________________

57 Nenne wesentliche Merkmale einer Ballade.

____

____

58 Was gehört in die Einleitung einer Inhaltsangabe?

____

1 Lies den Text „Der verwegene Hofnarr" und formuliere einen ersten Leseeindruck. **freie Lösung**

Der verwegene Hofnarr *Johann Peter Hebel*

Der König hatte ein Pferd, das war ihm so lieb, daß er sagte: „Ich weiß nicht, was ich tue, wenn das Pferd mir stirbt. Aber den, der mir von seinem Tod die erste Nachricht bringt, den laß ich gewiß aufhenken." Item[1], das Rößlein[2] starb doch, und niemand wollte dem König die erste Nachricht davon bringen. Endlich kam der Hofnarr. „Ach, gnädigster Herr", rief er aus, „Ihr Pferd! Ach, das arme, arme Pferd! Gestern war es noch so" – da stotterte er, und der erschrockene König fiel ihm ins Wort und sagte: „Ist es gestorben? Ganz gewiß ist es gestorben, ich merk's schon." – „Ach, gnädigster Herr", fuhr der Hofnarr mit noch größerem Lamento[3] fort, „das ist noch lange nicht das Schlimmste." – „Nun, was denn?" fragte der König. „Ach, daß Sie jetzt noch sich selber müssen henken lassen. Denn Sie haben's zuerst gesagt, daß Ihr Leibpferd[4] tot sei. Ich hab's nicht gesagt." Der König aber, betrübt über den Verlust seines Pferdes, aufgebracht über die Frechheit des Hofnarren und doch belustiget durch seinen guten Einfall, gab ihm augenblicklich den Abschied mit einem guten Reisegeld. „Da, Hofnarr", sagte der König, „da hast du hundert Dukaten. Laß dich statt meiner dafür henken, wo du willst. Aber laß mich nichts mehr von dir sehen und hören! Sonst, wenn ich erfahre, daß du dich nicht hast henken lassen, so tu ich's."

1 hier: aber   2 Pferd, kleines Ross   3 (Weh-)Klagen   4 Lieblingspferd

aus: Johann Peter Hebel: Der verwegene Hofnarr. In: Das wohlfeile Mittagessen. Hundert Kalendergeschichten des Rheinländischen Hausfreunds, Aufbau-Verlag, Berlin und Weimar 1981, S. 8 f.

2 Bestimme die Textart. Begründe deine Entscheidung schriftlich im Heft. __/4

3 Untersuche die Titel-Text-Beziehung. __/4

4 Verfasse nun eine Inhaltsangabe. Notiere sie in dein Heft. __/15

Der Schatzgräber *Johann Wolfgang von Goethe*

Arm am Beutel, krank am Herzen,
schleppt' ich meine langen Tage.
Armut ist die größte Plage,
Reichtum ist das höchste Gut!
Und, zu enden meine Schmerzen,
ging ich, einen Schatz zu graben.
Meine Seele sollst du haben!
schrieb ich hin mit eig'nem Blut.

Und so zog ich Kreis um Kreise,
stellte wunderbare Flammen,
Kraut und Knochenwerk zusammen:
die Beschwörung war vollbracht.
Und auf die gelernte Weise
grub ich nach dem alten Schatze
auf dem angezeigten Platze;
schwarz und stürmisch war die Nacht.

Und ich sah ein Licht von weitem,
und es kam gleich einem Sterne
hinten aus der fernsten Ferne,
eben als es zwölfe schlug.
Und da galt kein Vorbereiten;
heller ward's mit einem Male
Von dem Glanz der vollen Schale,
die ein schöner Knabe trug.

Holde Augen sah ich blinken
unter dichtem Blumenkranze;
in des Trankes Himmelsglanze
trat er in den Kreis herein.
Und er hieß mich freundlich trinken;
und ich dacht': Es kann der Knabe
mit der schönen, lichten Gabe
wahrlich nicht der Böse sein.

„Trinke Mut des reinen Lebens!
Dann verstehst du die Belehrung,
Kommst mit ängstlicher Beschwörung
nicht zurück an diesen Ort.
Grabe hier nicht mehr vergebens!
Tages Arbeit, abends Gäste!
Saure Wochen, frohe Feste!
Sei dein künftig' Zauberwort."

Johann Wolfgang von Goethe: Der Schatzgräber. In: Meisterballaden. Husum, Hamburger Lesehefte Verlag, 112. Hamburger Leseheft, S. 13 f.

Lies das Gedicht „Der Schatzgräber" gründlich und erschließe seine Besonderheiten.

5 Was erfährst du über die Hauptfigur? In welcher Ausgangssituation befindet sie sich? Welche Schlussfolgerung zieht sie daraus? **___/12**

___

___

___

6 Fasse strophenweise das Balladengeschehen zusammen und notiere es neben dem Text. **___/10**

7 In der Ballade werden zwei unterschiedliche Auffassungen über den Weg zum Glück dargestellt. Welche Meinung vertreten die Figuren? **___/6**

Schatzgräber: ___

___

Knabe: ___

___

8 Beschreibe auffallende sprachlich-stilistische und formale Besonderheiten dieser Ballade und notiere sie in dein Heft. **___/25**

Gesamtpunktzahl ___/76

6. Bericht und Beschreibung

Jeder wird jederzeit mit Berichten und Beschreibungen konfrontiert, ob es der Bericht über die Schülerratswahl in der Schülerzeitung ist oder ob ein Tourist nach dem Weg zum Bahnhof fragt. Wie Berichte und Beschreibungen genau und fehlerfrei formuliert werden, vermittelt dieses Kapitel.

6.1 Merkmale des Berichts

Regel

Inhaltliche Merkmale eines Berichts

- **Sachberichte** werden verfasst, um über wirklich stattgefundene Ereignisse sachlich zu informieren. Sachberichte beantworten die W-Fragen: *Was? Wer? Wo? Wann? Wie? Warum? Mit welchen Folgen?*
- Berichte über Reisen, Abenteuer oder Entdeckungen enthalten neben sachlichen Informationen häufig persönliche Bemerkungen des Verfassers, wie beispielsweise Gefühle und subjektive Wertungen. Diese Berichte werden als **Erlebnis- oder Erzählberichte** bezeichnet.

1 Lies die Texte 1 und 2 aufmerksam. Auf welche W-Fragen erhalten die Leser jeweils eine Antwort? Vervollständige die Tabelle rechts.

2 Welche Informationen fehlen in den Texten? Kennzeichne diese Spalten in der Tabelle mit einem Fragezeichen.

Text 1: Ausflug in den Wald

Seit Jahren fahren die siebten Klassen unserer Schule für eine Woche in ein Schullandheim. Dieses Jahr waren wir dran. Nachdem wir uns am Montag mit Sack und Pack in den Reisebus gedrängt hatten, ging es los. Die Fahrt dauerte vier Stunden. Die meisten vertrieben sich die Zeit mit Musik. Dann endlich sahen wir unser Zuhause für die nächsten fünf Tage. Es war ein zweistöckiges Gebäude mitten im Wald. Wie üblich gab es Rempeleien bei der Zimmerverteilung. Am Nachmittag unternahmen wir mit einem Ranger des Nationalparks eine erste Wanderung durch den Wald. Natürlich maulten erst alle, keiner hatte Lust durch einen langweiligen, von Mückenschwärmen heimgesuchten Wald zu traben. Aber bereits nach einer halben Stunde waren wir begeistert. Der Ranger zeigte uns Nistplätze von Vögeln, die wir durch unsere Ferngläser beobachten konnten. Außerdem lernten wir Spuren zu lesen. Simone behauptete sogar, sie hätte ein Wildschwein gesehen, aber da war sie die einzige. Solche Ausflüge machten wir fast jeden Tag. Am Freitag waren wir uns alle einig, dass wir eine Menge gelernt und spannende Tage im Wald verlebt hatten.

Text 2: Die 7/4 im Wald

In der Woche vom 1. bis 5. September 2008 unternahm die Klasse 7/4 eine Fahrt in das Schullandheim „Eichengrund". Die Schülerinnen und Schüler sowie die zwei begleitenden Lehrkräfte fuhren mit dem Bus. Die fünf Tage waren ausgefüllt mit vielen Aktivitäten rund um den Nationalpark. Unter anderem wurden mehrere Ausflüge mit dem Ranger Herrn Grün unternommen. Dabei lernten die Schülerinnen und Schüler der Klasse 7/4 viel über die heimischen Pflanzen und Tiere. Am Ende waren sich alle einig: Das war eine gelungene Fahrt.

W-Fragen	Text 1	Text 2
Was?		
Wer?		
Wo?		
Wann?		
Wie?		
Warum?		
Mit welchen Folgen?		

3 Handelt es sich bei den Texten 1 und 2 um einen Bericht? Begründe.

Text 1 ist ein/kein Bericht, weil ______________________________

____

Text 2 ist ein/kein Bericht, weil ______________________________

____

6.2 Berichte schreiben

Regel

Stilistische Merkmale eines Berichts

Berichte werden im **Sachstil** geschrieben. Bei der Abfassung eines Berichts sind folgende Punkte zu beachten:

- die Verwendung des **Präteritums**, da das Ereignis, über das berichtet wird, bereits vergangen ist.
- die Beschränkung auf **wesentliche Informationen**.
- ein **klarer Aufbau** und eine **chronologische Reihenfolge**.
- genaue Formulierungen.
- die **bewusste Verwendung von Aktiv und Passiv**. Verwende das Aktiv, um den Träger der Handlung hervorzuheben. Verwende das Passiv, wenn die Darstellung der Handlung im Mittelpunkt steht.

4 Für die Ausgabe der Schülerzeitung wurde ein Bericht über die Schülerratswahlen verfasst (Text 3). Hilf der Chefredakteurin bei der Korrektur.

a) Streiche im Text 3 alle unwesentlichen Informationen durch.
b) Stelle durch Randnotizen die richtige chronologische Reihenfolge her.
c) Überprüfe die richtige Verwendung von Aktiv und Passiv.
d) Schreibe den korrigierten Bericht auf. Setze Absätze.

Text 3: Die Ergebnisse der Schülerratswahlen

Am 25. September 2008 fanden die lang erwarteten Wahlen zum Schülerrat des Johann-Wolfgang-Goethe-Gymnasiums in Seehausen statt. Um 14.00 Uhr sollte es losgehen, aber erst zwanzig Minuten später waren alle Klassenvertreter anwesend. Nachdem der Schülerratsvorsitzende Jens Müller aus der 10/5 über das vergangene Schuljahr berichtet hatte, begann eine teilweise chaotische Diskussion darüber, warum der Schülerrat in der Schulkonferenz für die neuen Pausenzeiten gestimmt hat. Besonders Simone (im roten Shirt) und Daniela (mit grün eingefärbten Haaren) aus den 8. Klassen übten daran Kritik. Jens Müller und den anderen Mitgliedern des Schülerrates wurde vorgeworfen, diese Entscheidung nicht mit den Schülern diskutiert zu haben. Es kam zu teilweise sehr lautstarken Protesten. Anschließend wurden die Kandidaten vorgestellt. Kritisiert wurde von Michael aus der 9/5, dass zu viele Schüler aus den 12. Klassen nominiert wurden. Schließlich wurde gewählt. Dem neuen Schülerrat gehören an: Franziska (7/4), Paul (8/3), Ingo (9/2), Jens (10/5), Lisa (12/2) und Jakob (12/4). Als neuer Vorsitzender wurde erneut Jens gewählt. Die Schülerzeitung gratuliert dem neuen Schülerrat. Setzt euch doch bitte für einen neuen Computer für die Schülerzeitungsredaktion ein.

6.3 Merkmale der Beschreibung

Regel

Merkmale einer Beschreibung

- Eine Beschreibung wird - genau wie ein Bericht - im **Sachstil** abgefasst. Wertungen oder persönliche Gefühle gehören nicht in eine Beschreibung.
- Beschreibungen müssen **logisch gegliedert** sein und anschaulich, **genau und verständlich** formuliert werden.
- Beschreibungen sind im **Präsens** (bzw. im Perfekt) abzufassen, da gegenwärtige Gegenstände und Vorgänge beschrieben werden.
- Unterschieden werden unter anderem die **Gegenstands- und die Vorgangsbeschreibung**.

5 Sabine und Rasmus haben jeweils einen Beitrag für die neue Ausgabe der Schülerzeitung verfasst. Die Chefredakteurin muss entscheiden, welcher Text abgedruckt wird. Vergleiche die beiden Beschreibungen (Text 4 und 5) und notiere deine Einschätzungen in der Tabelle.

6 Welcher Beitrag sollte in der neuen Schülerzeitung erscheinen?

Text 4: Cocktailtomaten

Füllt Anfang April drei bis vier Joghurtbecher mit Erde und drückt je einen Samen etwa zwei Zentimeter tief hinein. Stellt die Becher zum Auskeimen an einen warmen Platz im Zimmer.
Haben sich die ersten Laubblätter voll entwickelt, stellt ihr die Pflanzen an einen kühleren, aber hellen Ort. Wenn es im Mai wärmer wird, brauchen die jungen Tomaten eine neue Unterkunft: Löst jede einzeln samt Erde aus ihrem Becher und topft sie in ein Gefäß um, in das fünf bis zehn Liter Erde passen. Darin sollen sie sich ans Leben an der frischen Luft gewöhnen. Am besten stellt ihr die Pflanzen erst einige Tage lang stundenweise nach draußen, bevor sie komplett dort bleiben. Und zwar an einen möglichst sonnigen Ort.
Achtung: Tomatenpflanzen brauchen viel Wasser, aber nicht von oben! Schützt sie deshalb vor Regen. Wird die Pflanze zu groß und droht sie abzuknicken, steckt einen Holzstab in die Erde und bindet sie daran fest.
Zwischen Juli und September, wenn die Früchte nicht mehr grün, sondern schön rot sind, ist Zeit zum Ernten.

aus: Geolino, Heft April 2008, S. 54

Text 5: Kartoffeln

Wenn man gerne Kartoffeln oder Pommes isst, sollte man – sofern die Möglichkeit besteht – selbst Kartoffeln anbauen. Das geht ganz einfach und die Kartoffeln können dann zwischen Ende Juni und September geerntet werden. Man braucht eigentlich nur einen Blumenkübel mit einem Fassungsvermögen von 15 Litern. Zunächst sollte der Kübel nur zur Hälfte mit Erde gefüllt werden. Dort legt ihr die vorgekeimten Kartoffeln hinein. Zum Ernten stecht ihr am Rand des Topfes senkrecht in die Erde und holt die Kartoffeln heraus. Ende April kauft ihr am besten eine Handvoll Saatkartoffeln und lasst sie vorkeimen. Wenn das Laub der Pflanze über der Erde vergilbt, ist Zeit zum Ernten.

Welche Merkmale treffen zu?	**Text 4**	**Text 5**
– im Sachstil geschrieben		
– logisch gegliedert		
– genau geschrieben		
– verständlich abgefasst		
Was muss verbessert werden?		
Welcher Beitrag sollte erscheinen?		

6.4 Die Beschreibung von Vorgängen

Regel

Die Vorgangsbeschreibung

Um einen Vorgang **anschaulich** und für die Leser **nachvollziehbar** zu beschreiben, konzentriert man sich auf:

- Ziel und Zweck des Vorgangs,
- die notwendigen Voraussetzungen und Materialien,
- den Ablauf in zeitlicher und sachlogischer Reihenfolge,
- das Ergebnis.

7 Lies diese Vorgangsbeschreibung. Gliedere den Vorgang der Eisherstellung in Teilvorgänge. Ergänze dazu die Tabelle.

Text 6: Zu Besuch in der Eisfabrik

In einer Eisfabrik laufen bis zu 30000 Eisportionen pro Stunde vom Band. Im Prinzip ist Eiscreme gefrorener Schaum. Um etwa Vanilleeis zu produzieren, braucht man neben Wasser und Milch unter anderem Zucker, Sahne, Eigelb und Vanille oder Vanillearoma.

Die abgewogenen Zutaten kommen zunächst in den „Premixer". Die dort vermischte Masse wird anschließend bei einem Druck von bis zu 140 Bar durch eine Art Sieb gepresst. Dieser Prozess heißt Homogenisieren, wörtlich übersetzt: gleichmachen. In diesem Fall sind damit das Fett aus der Milch und das Wasser gemeint, die sich normalerweise nicht vermischen. Beim Homogenisieren werden die Fettteilchen so stark verkleinert, dass sie sich gleichmäßig in der Masse verteilen - das macht das Eis später schön cremig.

Als Nächstes wird der Mix kurzzeitig erhitzt. Bei über 80 Grad Celsius werden die vorhandenen Keime abgetötet; durch diese Pasteurisierung bleibt das Eis länger haltbar.

Nach dem Hitzeschock darf das Gemisch erst mal für rund sechs Stunden in großen, gekühlten Behältern „reifen", wie die Experten sagen. So kann sich in der Masse der volle Geschmack entwickeln.

Nach der kurzen Ruhephase läuft der Eismix durch die langen Kühlrohre des „Freezers". Die sind mit minus 27 Grad Celsius so kalt, dass die süße Masse sofort gefriert, wenn sie die Innenwände der Rohre berührt. Diese gefrorene Schicht wird sogleich von ständig kreisenden Messern abgeschabt. Dadurch bilden sich in dem Mix nur winzig kleine Eiskristalle, die später auf der Zunge nicht zu spüren sind. Gleichzeitig wird die Eismasse mit Luft aufgeschlagen.

Jetzt endlich kommt die Masse „in Form". Portionsweise wird sie als Stileis, in Waffeln, kleine Becher oder große Vorratspackungen abgefüllt. Das portionierte Eis fährt durch einen Kältetunnel, in dem minus 40 Grad Celsius herrschen. Nach zwei Minuten ist das Ganze erstarrt. Man nennt das auch Schockgefrieren. Das Eis wird nun noch verpackt und kann an die Läden ausgeliefert werden.

aus: Geolino, Heft Juli 2008, S. 62 (gekürzt und leicht geändert)

Teilvorgang	**Was geschieht?**
Homogenisierung	
	Erhitzung auf 80 Grad Celsius, um die Keime abzutöten
Eismix läuft durch „Freezer"	

Tipp

Abwechslungsreicher Ausdruck

Bei der Abfassung einer Vorgangsbeschreibung konzentriert man sich vor allem auf die Reihenfolge der Vorgänge. Genauso wichtig ist aber ein abwechslungsreicher Ausdruck. Suche deshalb **Alternativen**. Für *dann* kann beispielsweise auch *anschließend, nun, nachdem* eingesetzt werden.

8 Beschreibe nun selbstständig einen Vorgang.

a) Betrachte aufmerksam die Abbildung.

b) Gliedere den Vorgang in Teilvorgänge. Nutze dazu die Tabelle.

c) Formuliere jetzt deine Vorgangsbeschreibung. Achte dabei auf die Zeitform (Präsens) und vermeide Wortwiederholungen.

Teilvorgang	Was geschieht?

Erklärung	Essig enthält Säure. Die hat den Kalk aufgelöst, aus dem die Eierschale hauptsächlich besteht. Dabei ist das gasförmige Kohlendioxid entstanden, das in kleinen Bläschen aufsteigt.

59 Nenne die für einen Bericht wichtigen W-Fragen. ______________________

____

60 In welcher Zeitform wird ein Bericht abgefasst? ______________________

61 In welcher Zeitform wird eine Beschreibung abgefasst? ______________

62 Was ist das Besondere an einem Erlebnisbericht? ______________________

____

63 Wann sollte das Passiv in einem Bericht verwendet werden?

____

64 Welche Arten von Beschreibungen gibt es? __________________________

____

65 Was ist bei der Vorgangsbeschreibung im Hinblick auf die Reihenfolge zu beachten, damit der Vorgang anschaulich und nachvollziehbar ist?

____

66 Ergänze: Um einen Vorgang zu beschreiben, muss man ihn zunächst in

______________________________________ gliedern.

67 In welchem Stil wird eine Beschreibung abgefasst? ____________________

68 Weshalb wird eine Beschreibung in der Gegenwartsform verfasst?

____

69 Was ist wichtig, um einen Vorgang anschaulich zu beschreiben?

____

70 Worin unterscheidet sich ein Bericht von einer Beschreibung?

____

1 Ergänze den Bericht (Text 1). Nutze die Angaben in den Klammern. Die vorgegebenen Sätze musst du bei Bedarf umformulieren. ___/6

2 Gib dem Bericht anschließend eine Überschrift. ___/2

Text 1

Überschrift: ______________________________

Der 19-jährige Kevin K. forderte unter Androhung von Gewalt von dem sehbehinderten 33 Jahre alten Olaf F. die Herausgabe von Zigaretten. (10. September 2007 am Marburger Bahnhof) ______________________________

____

____

____

Olaf F. reagierte jedoch nicht und ging einfach weiter. (Faustschlag von Kevin K. gegen Olaf F. ins Gesicht) ______________________________

____

____

____

Der Angreifer ahnte nicht, dass es sich bei seinem Opfer um einen ehemaligen Judo-Weltmeister der Sehbehinderten handelte. Nach Polizeiangaben legte der Mann den Räuber mit wenigen Griffen aufs Kreuz, hielt ihn fest und rief um Hilfe. Ein Passant hörte dies und benachrichtigte die Polizei, die den 17-Jährigen schließlich festnahm. (Sirenengeheul, Ankunft nach wenigen Minuten) ______________________________

____

____

____

__/16 **3** Die Beschreibung in Text 2 ist unverständlich, da die Teilvorgänge in der falschen Reihenfolge dargestellt werden, Wertungen geäußert werden und Informationen fehlen. Korrigiere diese Fehler, indem du am Rand die richtige Reihenfolge kennzeichnest und Unwichtiges streichst. Schreibe die korrigierte Vorgangsbeschreibung auf.

Text 2: Aussaat von Möhren

a) Möhren sind das Grundnahrungsmittel meiner Zwergkaninchen. Besonders mag ich sie, wenn sie schön knackig sind. Deshalb achte ich darauf, dass unser Möhrenvorrat zu Hause nicht zur Neige geht.

b) Man kann Möhren aber auch ganz einfach zu Hause anbauen. Je nachdem, wie groß die Möhren sein sollen (die kleinen Möhren schmecken mir am besten, weil sie so schön süß sind), ist Erntezeit.

c) Man muss regelmäßig gießen.

d) Nach ein paar Tagen bricht zartes Blattwerk durch. Wenn dann später die grün gefärbten Köpfe der Möhren aus dem Boden ragen, muss man nochmals Erde aufschütten, um diese zu bedecken.

e) Karotte, Wurzel, Rüebli - die Möhre ist unter vielen Namen bekannt. Ihr wahres Ich verbirgt sie bis zur Ernte im Dunkeln der Erde. Dann kommt die Möhre meist orangefarben zum Vorschein. Doch es gibt von weiß bis schwarz weltweit Dutzende Sorten, eine jede anders gefärbt.

f) Füllt einen Balkonkasten bis fünf Zentimeter unter den Rand mit Erde. Zieht dann mit einem Stift eine ein Zentimeter tiefe Furche und legt im Abstand von fünf Zentimetern einzelne Samen hinein. Füllt die Furche mit Erde und stellt den Kasten an einen sonnigen bis halbschattigen Platz.

g) Die Erde darf nicht zu feucht werden.

4 Text 3 enthält Ausdrucksfehler. Berichtige sie, indem du Alternativen für Wortwiederholungen aufschreibst und Sätze miteinander verknüpfst. ___/18

Text 3: Wie lässt sich ein halbes Ei kochen?

Nachdem das Ei seine Schale verloren hat (vgl. Aufgabe 8, Seite 86), kann man ein weiteres Experiment durchführen. Zuerst bringt man Wasser in einem Topf zum Kochen. Dann schaltet man die Herdplatte aus. Das Wasser darf nicht mehr sprudeln. Dann legt man das Ei vorsichtig auf einen Löffel. Den Löffel hält man so weit ins Wasser, dass das Ei zur Hälfte eintaucht. Jetzt kann man zusehen, wie dessen untere Hälfte fest und weiß wird. Die obere Hälfte bleibt flüssig.

nach: Geolino, Heft März 2008, S. 38

Gesamtpunktzahl ___/42

7. Die Argumentation

Wer soll Klassensprecher oder Klassensprecherin werden? Wohin geht es auf der nächsten Klassenfahrt? Wie präsentiert sich die Klasse auf dem Schulfest? Diese Fragen spielen in jeder Klasse eine Rolle. Gefragt ist in diesen Fällen nicht nur eine Meinung, sondern eine Argumentation. Denn nur ein möglichst gut begründeter Vorschlag kann andere überzeugen.

7.1 Merkmale einer Argumentation

Regel

Argument und Argumentation

Ein Argument folgt auf eine Behauptung. Es kann aus einer Begründung, einer Erläuterung und einem veranschaulichenden Beispiel bestehen.
Argumentieren heißt also, **begründet einen Standpunkt darstellen und vertreten** mit dem Ziel, die Ansprechpartner vom eigenen Standpunkt zu überzeugen.

1 Lies die Texte 1 bis 3 und schätze ihre Überzeugungskraft kritisch ein.

2 Analysiere jede Argumentation. Kennzeichne zunächst die einzelnen Teile und ergänze anschließend die Tabelle.

3 Begründe jetzt deine Einschätzung aus Aufgabe 1.

Text 1: Sollte man das Siezen abschaffen?
Das Siezen von Lehrerinnen, Lehrern und allen Erwachsenen sollte abgeschafft werden. Das ist eine Höflichkeitsfloskel aus den vergangenen Jahrhunderten. Es ist nicht mehr zeitgemäß. Mich stört dieses blöde „Sie". Ich möchte später - wenn ich erwachsen bin - auch nicht gesiezt werden.

Text 1 ist überzeugend / nicht überzeugend, weil ______________________

____

Text 2: Sollte man das Siezen abschaffen?
Das Siezen von Erwachsenen - auch von Lehrerinnen und Lehrern - sollte abgeschafft werden. Wenn alle sich duzen, verschwinden viele Probleme im Alltag. Oft weiß man nämlich nicht, ob man jemanden duzen oder siezen soll. Wenn man

zum Beispiel jemandem gegenübersteht, von dem man nicht weiß, wie alt er ist oder wenn man am Telefon nicht versteht, wer dran ist.

Text 2 ist überzeugend / nicht überzeugend, weil ____________________

____

Text 3: Sollte man das Siezen abschaffen?
Das Siezen sollte nicht abgeschafft werden. Zwar sind alle Menschen gleich - so steht es in unserem Grundgesetz - doch deshalb dürfen nicht alle geduzt werden. Immerhin gibt es Unterschiede in der Lebenserfahrung, der Stellung in der Gesellschaft und in der beruflichen Position, die zu beachten sind.

Text 3 ist überzeugend / nicht überzeugend, weil ____________________

____

Argument	Text 1	Text 2	Text 3
- These	- Siezen sollte abgeschafft werden.	- ________	- ________
- Erläuterung	- ________	- Alltagsprobleme verschwinden	- ________
- Beispiel	- ________	- ________	- fehlt

Info plus

Siezen

Im 16. Jahrhundert war es üblich, hochgestellte Personen im Plural anzureden (*Euer Gnaden, sie haben* ...). Von dieser Anrede im Plural blieb schließlich nur noch das „sie" übrig. Den Titel (z.B. *Euer Gnaden*) hat man allmählich weggelassen. Im 18. Jahrhundert war das „Sie" dann die geläufige Anrede für Personen von Stand und wurde großgeschrieben. Im Bürgertum war es zu dieser Zeit übrigens auch üblich, dass Kinder ihre Eltern siezen.

7.2 Argumente formulieren

Regel

These und Gegenthese

Um ein Argument zu formulieren, bedarf es einer gründlichen Vorüberlegung. Zunächst muss der eigene **Standpunkt** in Form einer These formuliert werden. Wenn man einer bereits geäußerten Position widerspricht, stellt man eine Gegenthese auf. Diese These muss **kurz und knapp** formuliert sein.

4 Formuliere zu den folgenden Positionen jeweils eine Gegenthese.

a) Hausaufgaben sind nichts weiter als der Versuch der Lehrer, die ohnehin knappe Freizeit der Schüler zu verkürzen.

____

____

b) An der Situation, dass viele Kinder in Deutschland heute übergewichtig sind, kann auch die Einführung eines Schulfaches „Gesund essen" nichts ändern.

____

____

c) Der Schülerrat vertritt nicht die Interessen der Schüler. Er ist nur der verlängerte Arm der Schulleitung.

____

____

Regel

Aufbau einer Argumentation

- Eine Argumentation kann mit der Formulierung des zu beweisenden Standpunktes beginnen und diesen dann durch die Anführung mehrerer Argumente beweisen. Das ist die **deduktive** Vorgehensweise.
- Eine **induktiv** aufgebaute Argumentation beginnt mit den Argumenten und schließt mit dem eigenen Standpunkt

Regel

Sprachliche Mittel

Eine Argumentation muss sachlich, verständlich und treffend abgefasst werden. These, Erläuterung und Beispiel müssen mithilfe sprachlicher Mittel zu einer Argumentation verknüpft werden.
Dabei können vor allem **Konjunktionen** (*weil, aus diesem Grund, jedoch …*) und **Adverbien** (*allerdings, demnach …*) helfen.

5 Verknüpfe die Aussagen in a) und b) durch geeignete sprachliche Mittel jeweils zu einer Argumentation. Vermeide Wortwiederholungen.

a) Motocross im Wald schadet der Umwelt. Grobstollige Reifen reißen den Waldboden auf. Moose und Farne werden geschädigt. Die Vegetation geht zurück. Das Wasser kann nicht mehr gespeichert werden.

b) Ein Nationalpark muss für Menschen gesperrt sein. Viele Touristen werden von den Rangern durch den Nationalpark geführt. Der Massenansturm schädigt die Natur. Die Unruhe durch die Besucher stört das Brutverhalten seltener Vögel.

7.3 Eine Argumentation verfassen

Regel

Arbeitsschritte

Beim Schreiben einer Argumentation hilft die folgende Schrittfolge:

1. **Analyse des Themas**: Worum geht es? Welche Begriffe müssen geklärt werden? Was wird behauptet? Entspricht oder widerspricht es dem eigenen Standpunkt?
2. **Stoffsammlung**: Alle Gedanken, Rechercheergebnisse usw. werden auf einem Zettel notiert.
3. **Gliederung**: Jetzt muss die Stoffsammlung geordnet werden. Fasse deine Gedanken zu Argumenten zusammen. Lege eine Reihenfolge der Argumente fest.
4. **Ausführung**: Nachdem du dir Gedanken zur Einleitung und zum Schluss gemacht hast, kannst du jetzt die gesamte Argumentation schreiben.
5. **Kontrolle**: Lies deine Argumentation kritisch durch. Überlege, ob deine Argumente verständlich und überzeugend sind. Hast du die einzelnen Argumente folgerichtig miteinander verknüpft? Kontrolliere auch die Rechtschreibung.

6 In der Schülerzeitung erscheint eine Meinungsäußerung von Sven. Analysiere das Thema. Worum geht es und was wird behauptet?

Morgens später zur Schule? Nein, danke. Zwar bin ich auch oft morgens zur ersten Stunde müde, aber daran bin ich selbst schuld, immerhin hätte ich ja früher ins Bett gehen können. Wenn die Schule später beginnt, dann hat man am Nachmittag ja gar keine Freizeit mehr. Die Schule soll möglichst früh beginnen, dann ist der Unterricht auch schneller vorbei. (Sven Müller, Klasse 7/4)

7 Franziska möchte der Auffassung von Sven in der nächsten Ausgabe der Schülerzeitung widersprechen. Dazu hat sie sich Notizen gemacht. Hilf ihr, indem du die Gedanken ordnest und zu Argumenten zusammenfasst.

Schule muss später beginnen – viele Schüler aus Dörfern – auf Schulbusse angewiesen – lange Fahrzeiten – frühes Aufstehen – in den ersten Stunden müde – Liane aus der 7/3 muss schon um 5.30 Uhr aufstehen – fährt fast eine Stunde mit dem Bus – Schule sollte später beginnen – Biorhythmus hat sich geändert – Jugendliche sind erst ab frühestens 8.30 Uhr voll konzentriert – Lehrer schreiben Tests meist in den ersten Stunden – Forschungsergebnisse der Wissenschaftler werden in Schulen noch nicht berücksichtigt – beträchtlicher Unterschied im Ergebnis zwischen einem Test in der ersten und einem in der dritten Stunde

Argument 1: ______________________________

____

____

____

____

____

____

____

Argument 2: ______________________________

____

____

____

____

____

____

____

____

8 Formuliere ein drittes Argument für Franziskas Text.

Argument 3: ______________________________

____

____

____

____

____

____

Regel

Argumentationsketten

Wer seinen Standpunkt überzeugend darstellen will, muss die einzelnen **Argumente logisch miteinander verknüpfen**. Man spricht von einer Argumentationskette. Wichtig ist dabei die Reihenfolge der Argumente. Meist beginnt man mit dem schwächsten und schließt mit dem überzeugendsten Argument.
Eine Argumentationskette muss **mindestens drei Argumente** aufweisen.

9 Notiere die Reihenfolge der Argumente. Beginne mit dem schwächsten Argument.

____

____

____

____

____

____

____

____

Regel

Faktenargumente und Autoritätsargumente

Es gibt unterschiedliche Arten von Argumenten:

- Das **Faktenargument** stützt sich auf nachprüfbare und mehr oder weniger offensichtliche Tatsachen.
- Das **Autoritätsargument** versucht mit dem Bezug auf die Meinung oder Äußerung angesehener Personen zu überzeugen.

Die Wahl der Art des Arguments ist abhängig vom Ansprechpartner. (Welches Argument ist besonders geeignet, deine Adressaten zu überzeugen?)

10 Verfasse die Argumentation Franziskas in deinem Heft. Achte auf eine Verknüpfung der Argumente. Vermeide Wortwiederholungen.

Training plus

71 Was ist ein Argument? ____________________

72 Aus welchen Teilen besteht eine Argumentation? ____________________

____

73 Worin besteht das Ziel des Argumentierens? ____________________

____

74 Was versteht man unter einer deduktiv aufgebauten Argumentation?

____

75 Was versteht man unter einer induktiv aufgebauten Argumentation?

____

76 Worauf stützt sich ein Autoritätsargument? ____________________

____

77 Welche sprachlichen Mittel helfen dabei, These, Erläuterung und Beispiel sinnvoll miteinander zu verknüpfen?

78 Worin besteht der Unterschied zwischen einer Stoffsammlung und einer Gliederung?

79 Aus welchen Teilen besteht eine Argumentationskette?

80 Was versteht man unter einer Gegenthese?

81 Woran lässt sich ein Faktenargument erkennen?

82 Was ist beim Arbeitsschritt *Themenanalyse* zu tun?

83 Worauf ist in der abschließenden Kontrolle der Argumentation zu achten?

84 Nach welchen Kriterien lässt sich die Überzeugungskraft einer Argumentation einschätzen?

1 Lies den Leserbrief von Jana aufmerksam durch. Formuliere die darin geäußerte These.

freie Lösungen

Text 1

Die Erfolge von *spickmich.de* geben mir recht: Lehrerinnen und Lehrer sollten benotet werden. Dabei muss diese Bewertung aber fair sein. Es kann also nicht sein, dass Schülerinnen und Schüler, weil sie in einer Klassenarbeit eine schlechte Note bekommen haben, ihren Lehrerinnen und Lehrern auch schlechte Noten geben. Weiterhin braucht man klare Kategorien für die Bewertung - zum Beispiel: Coolness, Kreativität, Vorbereitung auf den Unterricht, Tafelbild, Korrekturzeiten und Pünktlichkeit. Dann ist eine Bewertung der Lehrkräfte für alle - Schüler, Lehrer und Eltern - sinnvoll. *Jana*

These: ______________________________

____

2 Stelle eine Gegenthese auf.

Gegenthese: ______________________________

____

3 Welcher Auffassung bist du? Antworte auf den Leserbrief zustimmend oder ablehnend. Fertige dazu eine Stoffsammlung an.

Stoffsammlung: ______________________________

____

____

____

____

____

____

____

freie Lösungen

4 Gliedere deine Gedanken und stelle mindestens drei Argumente auf.

5 Verknüpfe die Argumente zu einer Argumentationskette.

freie Lösungen

6 Überprüfe abschließend deine Argumentation. Achte auf den Aufbau und den sprachlichen Ausdruck.

8. Stilistik

Um sich exakt und klar verständlich, aber auch anschaulich auszudrücken, ist es von großem Nutzen, über einen umfangreichen Wortschatz zu verfügen und diesen richtig verwenden zu können.

8.1 Wortfelder

1 Stelle ein Wortfeld zum Thema Freizeit zusammen. Übertrage dazu die Tabelle in dein Heft und ergänze sie.

Freizeit			
Freizeitangebot (Substantive)	**Freizeiteinrichtung (Substantive)**	**Freizeitgestaltung (Verben)**	**Freizeitaktivitäten sind: (Adjektive)**
Judo, Computer, Schach …	Jugendklub, Freizeitpark, Sportverein …	spielen, entspannen, sich bewegen …	erholsam, spannend, interessant …

Regel

Synonyme und Antonyme

Zur Vermeidung von Wiederholungen und für einen abwechslungsreichen und anschaulichen Ausdruck ist die Verwendung von Synonymen hilfreich.

- Synonyme sind **Wörter mit gleicher oder ähnlicher Bedeutung**.
  Beispiel: *erzielen – erreichen, Auto – Pkw, luftig – windig – stürmisch, alt – betagt*
- Zusätzliche Ausdrucksvarianten werden durch Antonyme ermöglicht. Das sind **Wörter mit gegensätzlicher Bedeutung**.
  Beispiel: *gut – schlecht, vorwärts – rückwärts*

2 Ordne die Synonyme richtig zu. Arbeite in deinem Heft.

Weltmeer, Finanzen, Partner, mitteilen, Zaster, Ozean, Moneten, Kamerad, Kies, Kumpel, Mäuse, Kröten, ausführen, Knete, Spezi, Kohle, Kasse, See, Mittel, Gefährte, schildern

Geld	erzählen	Meer	Freund
Finanzen …	…	…	…

Tipp Auch wenn Synonyme eine gleiche oder ähnliche Bedeutung haben, kann man sie nicht in jeder Situation gleichermaßen verwenden. Vielmehr muss die jeweils passende **Stilebene** berücksichtigt werden, sodass man mit der Wahl seiner Worte nicht ins sprichwörtliche Fettnäpfchen tritt.

3 Alle Redewendungen haben etwas mit Geld zu tun.
a) Füge einen passenden Ausdruck ein. Nutze Beispiele aus Aufgabe 2.
b) Kennzeichne umgangssprachliche Ausdrücke mit „ugs.".

Dafür fehlt mir die ______________________.

Was willst du schon mit deinen paar ______________ beginnen?

Viele Menschen träumen davon, das große ______________ zu machen.

Wir sind im Moment knapp bei ______________________.

Dafür musst du schon hundert ______________ locker machen.

Gestern wurden die ______________ für das Projekt bewilligt.

4 Formuliere das Gegenteil. Oft gibt es mehrere Varianten.

Freund – ______________ spannend – ______________

Ruhe – ______________ hässlich – ______________

aufsteigen – ______________ aufwärts – ______________

schlendern – ______________ linkerhand – ______________

nehmen – ______________ für – ______________

5 Nenne fünf Synonyme für das Verb *sagen*.

____

____

____

8.2 Gedankliche Beziehungen ausdrücken

Regel

Zeitliche Beziehungen

- Wir können unterschiedliche zeitliche Beziehungen ausdrücken:
  1. den Zeitpunkt: *heute, vor einem Jahr.*
  2. den Zeitraum: *innerhalb eines Jahres, von heute bis morgen.*
  3. die Häufigkeit: *monatlich, jedes Jahr.*

- Dazu gibt es verschiedene sprachliche Mittel:
  - Zeitadverbien: *heute, oft, niemals.*
  - Substantive mit Präposition: *in der Nacht, am Sonntag.*
  - Temporalsätze: *Die Sonne schien, als wir auf dem See waren.*
  - Tempusformen des Verbs: *Wir sehen / sahen / werden sehen.*

6 Untersuche den Text 1.

a) Unterstreiche alle Stellen, an denen zeitliche Beziehungen wiedergegeben werden.

b) Bestimme, ob ein Zeitpunkt (ZP), ein Zeitraum (ZR) oder die Häufigkeit (H) angegeben werden.

c) Welche sprachlichen Mittel werden jeweils genutzt?

Text 1: Die faszinierende Geschichte des Geldes

Für uns gehört das Geld so sehr zum täglichen Leben, dass wir über seine Entstehung nur selten nachdenken. Dabei dauerte es einige Jahrtausende, bis die Menschen seine Notwendigkeit und seinen Nutzen erkannten.

Erst für den Zeitraum, als sich die Jäger und Fischer zu Hirten und die Sammler zu Ackerbauern entwickelten, lassen sich mit Sicherheit die ersten Ansätze von Tauschhandel datieren. Als die Ära der Metalle gekommen war, scheuten die Völker keine weiten Wege, um sich diese für völlig neuartige Werkzeuge und Waffen zu beschaffen. So entstanden allmählich Handelsstraßen für Kupfer, Zinn und Bronze. Bei all diesen Geschäften handelte es sich um den Tausch von Ware gegen Ware, wobei die Bewertung der Produkte Verhandlungssache war. So entsprach laut einem Erlass aus dem Jahre 1420 der Gegenwert eines Fasses Butter 120 getrockneten Fischen, während für ein Paar Lederschuhe vier getrocknete Fische gezahlt werden mussten.

7 Verbinde beide Sätze und mache ihre zeitliche Beziehung deutlich. Vervollständige die Satzanfänge.

Max und Tina besuchen die Ausstellung. Sie machen Fotos.

Während ____.

Nach dem ____.

Zunächst ____.

Als ____.

Regel

Räumliche Beziehungen

- Beim Ausdrücken räumlicher Beziehungen unterscheiden wir:
  1. den Ort: *hier, in der Stadt, auf der Straße.*
  2. die Richtung: *abwärts, nach oben, in die Stadt.*
- Auch hier stehen verschiedene sprachliche Mittel zur Verfügung:
  - Orts- und Richtungsadverbien: *dort, hierher, links.*
  - Substantive mit Präposition: *am Meer, in dem Gebäude.*
  - Lokalsätze: *Wir setzen uns dorthin, wo Platz ist.*

8 Unterstreiche alle Orts- und Richtungsangaben im Text 2 und ordne sie in die Tabelle ein (siehe Seite 108).

Text 2: Das erste Papiergeld

Das erste Papiergeld – die erste Banknote – soll 1661 im Königreich Schweden ausgegeben worden sein. Die Vorgeschichte: Für Johann Palmstruch, einen erfolgreichen Kaufmann aus Riga im heutigen Lettland, war der Handel mit den großen und schweren Münzen viel zu mühsam. Ganz besonders natürlich, wenn er sehr viel zu verkaufen hatte oder große Mengen an Waren erwerben wollte. Vom schwedischen König erhielt er die Erlaubnis, eine eigene Bank zu gründen – die „Stockholm Banco". Voraussetzung: Die Hälfte des Geldes ging an das schwedische Finanzministerium. Dafür durfte er für große Kupfermünzen Quittungen ausstellen. Das waren die ersten gedruckten Banknoten. Mit solchen Banknoten konnte gehandelt werden oder immer wieder der Gegenwert in Metallmünzen bei der Bank eingetauscht werden. Da Palmstruch allerdings das Geld, das er einnahm, nicht nur bei der Bank hinterlegte, sondern es für weitere Geschäfte nutzte, musste bald der schwedische Staat einspringen und für das Tauschrecht Banknote gegen Münzgeld garantieren.

Ort	Richtung

9 **Mit bildhaften Ausdrücken lassen sich Gedanken anschaulicher darstellen.**
a) Füge die Redewendungen richtig zusammen.
b) Unterstreiche alle Richtungsangaben.

große Glocke hängen – Schranken weisen – hohe Kante legen – Mund nehmen – Boden stampfen – Goldwaage legen

a) Man muss bei ihm jedes Wort auf die ____________________.

b) Es scheint, als würden sie das Projekt aus dem ____________________.

c) Du darfst dies auf keinen Fall an die ____________________.

d) Wer ehrlich ist, sollte kein Blatt vor den ____________________.

e) Unhöfliche Menschen muss man in die ____________________.

f) Wenn du dir später deinen Wunsch erfüllen willst, musst du dafür etwas auf die ____________________.

Info plus

Die Redewendung **„etwas auf die hohe Kante legen"** bedeutet soviel wie „Geld sparen" und stammt aus dem Mittelalter. Die wohlhabenden Burgbewohner hatten meist ein Bett mit einem Himmel aus Stoff, der verhindern sollte, dass herabfallendes Ungeziefer im Bett landet. Doch dieses Dach wurde auch genutzt, um dort nachts Wertsachen abzulegen.

10 Bilde aus den gegebenen Wortbausteinen Orts- und Richtungsadverbien und verwende sie jeweils in einem Satz.

auf – dort – nirgend – her – hin – ~~heim~~ – neben – über – berg – hier – ~~wärts~~ – hin – wärts – über – wo – an – aus – her – all – unter

a) heimwärts: Wir wandern müde heimwärts.

b) __________

c) __________

d) __________

e) __________

f) __________

11 Ersetze die Ortsangabe *da* durch drei genauere Bezeichnungen.

Nina verabredet sich mit ihrer Freundin, um ins Kino zu gehen, und sagt: „Wir treffen uns ***da***."

____

____

Tipp

Grund-Folge-Beziehungen

Oft muss man begründen, warum man etwas tut oder warum etwas geschieht bzw. welche Folgen zu erwarten sind.
Zum Ausdrücken von Grund-Folge-Beziehungen kann man unterschiedliche sprachliche Mittel verwenden:

- Adverbien wie *also, darum, deshalb, infolgedessen*.
- Substantive mit Präposition wie *aus diesem Grunde, wegen Umbau*.
- Kausalsätze (Grund) oder Konsekutivsätze (Folge).
  Beispiel: *Ich bin hier, weil du Hilfe brauchst.*
  Lass uns beginnen, sodass wir schnell fertig werden.
- Hauptsätze, die eine Grund-Folge-Beziehung verdeutlichen.
  Beispiel: *Die Radtour musste verschoben werden. Ein Grund war das schlechte Wetter.*

12 Lies noch einmal den Text 2 aus Aufgabe 8 und schreibe alle Wörter, Wortgruppen und Teilsätze heraus, die einen Grund oder eine Folge ausdrücken. Notiere sie ins Heft.

13 Gib Gründe an, warum deiner Meinung nach die Freizeitmöglichkeiten für Jugendliche stärker gefördert und ausgebaut werden sollten.
Nutze unterschiedliche Ausdrucksmöglichkeiten.
Wenn du Ideen brauchst, kannst du noch einmal das Wortfeld zum Thema Freizeit (Aufgabe 1) betrachten.

Es sollte mehr Geld für Jugendklubs bereitgestellt werden, da ______________________

____.

Wegen ____

____.

Weil ____.

Aufgrund ____

____.

Deshalb ____

____.

Training plus Kap. 8: Stilistik

85 Was sind Synonyme? ________________________________

86 Finde drei Synonyme für das Verb *gehen*. ________________________________

87 Nenne fünf Wörter aus dem Wortfeld *Schule*. ________________________________

____

88 Wie heißen Wörter mit gegensätzlicher Bedeutung? ________________________________

89 Gib ein Beispiel für ein solches Gegensatzpaar. ______

90 Wodurch erreicht man Anschaulichkeit beim schriftlichen Erzählen?

______

91 In welche Stilebene gehören Wörter wie *Kumpel, rein, drin, Zaster*?

______

92 Welche gedanklichen Beziehungen werden in Sätzen z. B. ausgedrückt?

______

93 Durch welche sprachlichen Mitteln können diese Beziehungen ausgedrückt werden?

______

94 Nenne fünf Zeitadverbien. ______

95 Nenne fünf Ortsadverbien. ______

96 Nenne fünf Adverbien, die auf einen Grund hinweisen.

______

97 Nenne fünf Präpositionen, die zum Ausdruck einer zeitlichen Beziehung verwendet werden können.

______

98 Mit welchen Präpositionen können räumliche Beziehungen ausgedrückt werden?

______

99 Nenne drei sprachliche Mittel, mit deren Hilfe man eine Grund-Folge-Beziehung ausdrücken kann.

______

__/5 **1** Ordne den jeweiligen bildhaften Ausdrücken passende Verben aus der Wortliste zu. Manchmal gibt es mehrere Möglichkeiten.

verzweifeln – aufhören – aufregen – korrigieren – das Nachsehen haben – ärgern – aufgeben – fernsehen

jemanden zur Weißglut bringen – ______________________

etwas ins rechte Lot rücken – ______________________

sich die Haare raufen – ______________________

in die Röhre gucken – ______________________

etwas an den Nagel hängen – ______________________

__/23 **2** Max will auf der nächsten Geburtstagsparty einen Zaubertrick vorführen.

a) Verbinde die einzelnen Tätigkeiten und drücke dabei die zeitlichen Beziehungen aus. Arbeite in deinem Heft (15 Punkte).

b) Unterstreiche dann auch die Stellen, an denen eine räumliche Beziehung dargestellt wird (8 Punkte).

Zauberer (Max):
- 3 Zwei-Euro-Münzen auf einen Tisch legen
- einen bunten Zeichenstift dazulegen
- einen Hut mit der Öffnung nach oben daneben hinstellen
- sich umdrehen

Zuschauer:
- eine Münze wählen
- sie mit dem Buntstift kennzeichnen
- die beiden anderen Münzen in den Hut legen
- die gekennzeichnete Münze in die zur Faust geballte Hand nehmen
- langsam laut bis 20 zählen
- die Münze in den Hut werfen

Zauberer (Max):
- sich zurückdrehen
- den Inhalt des Hutes kurz schütteln
- in den Hut hineingreifen ohne hineinzusehen
- die gekennzeichnete Münze zum Vorschein bringen

3 Leider hat nicht alles so geklappt, wie Max es sich vorgestellt hat. ___/4
Gib zwei mögliche Gründe dafür an und finde unterschiedliche Formulierungsmöglichkeiten.

____

____

____

____

____

____

Falls du nicht weißt, wie der Trick funktioniert und was alles danebengehen kann, kommt hier die Lösung für das Zauberkunststück:
Das Halten der Münze in der Faust, während gezählt wird, lässt die Münze warm werden. So kann der Zauberer sie im Hut erfühlen. Dabei muss beachtet werden, dass der Zauberer mit dem Befühlen der Münzen nicht zu lange wartet, damit die gekennzeichnete Münze nicht wieder kalt wird.

nach: Johann Merlin: Zaubertricks für Anfänger und Fortgeschrittene. © Falken Verlag, München, in der Verlagsgruppe Random House GmbH

4 Ergänze die Sätze und gestalte den Text mit Attributen anschaulicher. ___/18
Drücke zeitliche, räumliche und an den passenden Stellen Grund-Folge-Beziehungen aus. (Verwende 6 zeitliche und 6 räumliche Attribute sowie 3 Grund-Folge-Beziehungen.)
Schreibe den überarbeiteten Text in dein Heft.

Die Zuschauer warten.
Der Zauberer kommt.
Er schwenkt seinen Hut und seinen Zauberstab.
Der Zauberer stopft Tücher hinein.
Ein Blumenstrauß erscheint.
Alle applaudieren.

Gesamtpunktzahl
___/50

Kapitel 1: Rechtschreibung

Seite 6 1 a) Die gehäuften Rechtschreibfehler beeinträchtigen die Verständlichkeit erheblich.

b) Drei **Viertel** der **hessischen Jugendlichen spielen täglich** am Computer oder **mit Spielkonsolen**. Das **ist** das Ergebnis einer **Befragung** von **knapp** 3000 **Schülern** durch die **Fachhochschule** Frankfurt im vergangenen **Jahr**. Demnach würden am Wochenende **sogar** vier von fünf **Kindern** im **Alter** von 11 bis 15 **Jahren ihre** Freizeit **mit Computerspielen** verbringen.

Seite 7 2

Langer Stammvokal	Kurzer Stammvokal
Bewegung, Hohn, Idee, Lied, anlehnen, befehlen, ermüden, er sieht, brav,	Kontrolle, Licht, Mangel, Programm, Taste, Wecker, verbessern, sämtlich

3 a) n/nn: Ke**nn**tnis, Beka**nn**tschaft, verba**nn**en, ma**n**, mä**nn**lich
l/ll: Fa**l**ter, fa**l**ten, fa**ll**s, Mü**ll**, Hü**l**se
r/rr: ha**r**ken, beha**rr**lich, a**r**tig, Schubka**rr**e, Ka**r**te
m/mm: Zi**mm**erpflanze, I**m**ker, insgesa**m**t, Sa**mm**lung, Ha**m**pelmann
p/pp: Ti**pp**, sto**p**fen, ho**pp**eln, za**pp**elig, Ho**p**fen

b) Anmerkung: In allen Wörtern ist der lange Stammvokal unterstrichen. Die Stellen, an denen die Länge gekennzeichnet wird, sind fettgedruckt.
Ka**h**n, Kanu, Ra**h**m, malen/ma**h**len, Mü**h**le, verfa**h**ren, Tüte, mutig, Samen, angene**h**m, Hü**h**nchen, Le**h**m, er zi**eh**t, bedi**e**nen, Virus

4 aktivieren, installieren, integrieren, kopieren, konfigurieren, minimieren, reduzieren

Seite 8 5 reparieren/**reparierte**/**repariert**; **analysieren**/analysierte/**analysiert**; **programmieren**/**programmierte**/programmiert; **registrieren**/registrierte/**registriert**; optimieren/**optimierte**/**optimiert**

6 Verschiedene Ergänzungen sind möglich, z.B. einen Computer reparieren, ein PC-Spiel programmieren, neue Programme installieren, das Betriebssystem aktivieren, neue Komponenten integrieren, Fehlerquellen analysieren, den Benutzernamen registrieren, Dateien kopieren.

Seite 9 7

Langer Stammvokal	Kurzer Stammvokal
Fußball, Süßigkeit, heißen, Maß, bloß	Rüssel, blass, Interesse, Kuss, Ross

8 Univer**s**itätsklinik bietet Hilfe gegen Internet**s**ucht
Sie **s**itzen acht Stunden und mehr vor ihrem Computer. **S**ie i**s**olieren **s**ich. Die schulischen Leistungen la**ss**en nach. Online**s**ucht, die Diagno**s**e. [...]
Al**s** Peter Z. vor mehr al**s** einem Jahr von **s**einer Freundin verla**ss**en wurde, brach für den Jugendlichen eine Welt zu**s**ammen. Tro**s**t **s**uchte der kontaktscheue 17-Jährige am Computer. [...] Sa**ß** er zunächst nur ein bi**s** zwei Stunden täglich vor dem Bildschirm, wurden es schlie**ß**lich bi**s** zu acht. Peter i**s**olierte **s**ich von anderen, **s**eine Schulleistungen lie**ß**en nach. Schlie**ß**lich zogen **s**eine Eltern die Notbrem**s**e und **s**uchten profe**ss**ionelle Hilfe für ihren **S**ohn.

Seite 10 9 a) Folgende Wörter mussten im Text unterstrichen werden:
Satzanfang (rot): Als, Die, Was, Zuerst, Es, Anschließend, Natürlich
Eigennamen (grün): Thomas, Thomas' (Treiben), Miriam, Thomas

b) Beachte bei der Einordnung, dass gerade nach Präpositionen oft nicht nur Artikel folgen, sondern manchmal auch Adjektive oder Pronomen ergänzt werden. Manchmal steht auch nur eine Präposition vor dem Substantiv.

ohne Begleiter: Stück; **mit Artikel:** der Welt, ein Schuhkarton, eine Porzellanpuppe, die Ritter; **mit Pronomen oder Numeralien:** seine Kostbarkeiten, bei ihrem Großvater, alle Dinge; **mit Präposition + Artikel:** auf dem Fußboden, vor den Tischen, mit großen Augen, zum Vorschein, mit einem goldenen Rahmen, mit Zigarettenspitzen, neben einen Bierkrug; **mit Artikel + Adjektiv:** ein kleiner Handspiegel, eine perlmuttbesetzte Puderdose, einen antiken Rasierpinsel

Seite 11 c) die Substantivierungen **das Selbstverständlichste**, **die Anderen** und **Thomas' Treiben**

10 von **weitem**/von **Weitem** (beide Schreibweisen möglich), von **Gebratenem**, einen **richtigen** Appetit, beim **Näherkommen**, die **gebratenen** Würstchen, des **Weiteren**, **verschiedene** Salate, das **Richtige**

11 a) marschieren, probieren, kommunizieren, alarmieren, interessieren, kursieren, grundieren, tapezieren

b) Bei dieser Aufgabe gibt es verschiedene Lösungen. Wichtig ist, dass den Verben ein passender Begleiter vorangestellt wird, sodass eine Substantivierung entsteht, z. B.:
anstrengendes Marschieren, ein vorsichtiges Probieren, heimliches Kommunizieren, schnelles Alarmieren, zum Interessieren, ein Kursieren (von Gerüchten), zum Grundieren, beim Tapezieren.

12 Miriam stand mit weit geöffnetem Mund da. Die anderen rissen die Augen vor Erstaunen auf. Der Mann griff in seinen Mantel, holte eine dicke Brieftasche hervor, und noch ehe Miriam sich versah, hielt sie drei Geldscheine in der Hand. Ungläubig blickte sie darauf. [...] Nur langsam fanden sie ihre Sprache wieder. Miriam hatte sich als Erste wieder gefasst. „Was wollen Sie denn dafür haben?", wollte sie den Mann fragen. Aber als sie aufblickte, war der Mann verschwunden! Verblüfft sprangen alle fünf vor den Stand auf die Straße, liefen in jede Richtung noch drei, vier Meter, doch von dem alten Mann war nichts mehr zu sehen. Er war im Gewühl der Flohmarktbesucher untergetaucht. **Seite 12**

13 jeden **Morgen** früh aufstehen, **frühmorgens** ausgeschlafen sein, am **frühen Morgen** singen, **heute Morgen** verschlafen haben, **seit Sonntagmorgen** gute Laune haben

14 a) + b) Das Verb *übersetzen* hat zwei Formen. **Seite 13**
auffallen/**fiel auf/aufgefallen**; teilnehmen/**nahm teil/teilgenommen**; übersetzen/**übersetzte/übersetzt**; vollbringen/**vollbrachte/vollbracht**; wohlfühlen/**fühlte wohl/wohlgefühlt**; nachsitzen/**saß nach/nachgessesen**; übersetzen/**setzte über/übergesetzt**

15 sitzen bleiben, bestehen bleiben, spazieren gehen, einkaufen gehen, kochen lassen, stehen lassen, tanzen gehen, laufen gehen, liegen lassen. **Seite 14**

16 großgeschrieben, groß zu schreiben, bereitstellen, billig hergestellt, blaumachen **Seite 15**

17 a) frei sprechen, freisprechen b) gutschreiben, gut schreiben c) schwer fallen, schwerfallen

18 hier sein, zusammenbleiben, satt sein, umsehen, dabei gewesen, beisammen sein **Seite 16**

19 zu suchen, überzeugt, bereit erklärt/bereiterklärt, zu sehen, zu erleben, zu zögern, erschienen, noch einmal stehen, mitteilte, streng verboten

Training plus **Seite 17**

1 z. B. Haare, heben, nie
2 Die Länge eines Vokals kann durch einen Doppelvokal, ein Dehnungs-h oder -ie gekennzeichnet werden.
3 Nach einem kurzen Stammvokal folgen entweder zwei gleiche bzw. zwei oder mehrere unterschiedliche Konsonanten.
4 Der stimmhafte s-Laut wird immer *s* geschrieben.
5 Nach einem kurzen Stammvokal schreibt man *ss*. Ist der Vokal lang, wird *ß* geschrieben.
6 Artikel, Adjektive, Pronomen, Numerale und Präpositionen sind Begleiter von Substantiven.
7 Solche unbestimmten Zahlwörter sind z. B.: etwas, viel, wenig, allerlei, manch, nichts.
8 Unfest zusammengesetzte Verben sind z. B. abschreiben, heimkommen, zusehen.
9 Verbgruppen mit *sein* werden immer getrennt geschrieben.
10 Getrennt- und Zusammenschreibung ist z. B. möglich bei kennen lernen/kennenlernen, klein schneiden/kleinschneiden, fertig stellen/fertigstellen.
11 Oft erkennt man an der Betonung, ob man getrennt- oder zusammenschreiben muss.

Abschlusstest **Seite 18**

Allgemeine Hinweise zum Abschlusstest

Damit du deine Gesamtpunktzahl einfach errechnen kannst, gibt es für jede Teilaufgabe bei Lückenaufgaben in der Regel einen Punkt, bei Aufgaben mit selbstständigen Ergänzungen oder Zuordnungen zwei Punkte.

Leider ist es nicht möglich, einen allgemeingültigen Notenschlüssel vorzugeben. Er wechselt von Schule zu Schule, von Bundesland zu Bundesland. Damit du deine Leistung einschätzen kannst, gibt es folgende Orientierungspunkte:

- Wenn du mehr als 80 Prozent der Gesamtpunktzahl erreicht hast, ist dein Ergebnis gut oder besser.
- Wenn du mehr als 50 Prozent der Gesamtpunktzahl erreicht hast, ist dein Ergebnis ausreichend oder befriedigend.
- Wenn du weniger als 50 Prozent der Gesamtpunktzahl erreicht hast, ist dein Ergebnis nicht mehr ausreichend. Du solltest dann die Regeln und Aufgaben, bei denen du viele Fehler gemacht hast, noch einmal genau nachlesen und üben.

100 bis 80 Prozent	79 bis 50 Prozent	unter 50 Prozent
sehr gut bis gut	befriedigend bis ausreichend	nicht mehr ausreichend

1 a) + b)
Miriam stieß Jennifer mit dem Ellenbogen in die Seite und zeigte auf einen Mann, der ihnen in dem Gang entgegenkam. Jennifer blieb stehen. Auch Ben und Frank hinter ihr stoppten. Der Mann sah wirklich sehr seltsam aus. Er trug einen schwarzen Hut mit breiter Krempe, an der eine lange rote Feder befestigt war, die einen schönen Kontrast zu seinen sauber geschnittenen halblangen, schwarzen, lockigen Haaren bildeten. Um die Schultern wehte ihm ein nachtblauer Umhang aus feinstem, vornehm schimmerndem Stoff, der mit weißem, verziertem Fell abgesetzt war. Darunter trug er eine Jacke mit auffällig weiten Pluderärmeln, aus dickem, rotem Samt mit goldenen Ornamenten. Sie endete kurz über dem Bund einer Kniebundhose, die sich ebenso pluderig ausbeulte wie die Ärmel seiner Jacke. Die weiß bestrumpften Füße steckten in schwarzen Schuhen, welche mit Lederriemen kunstvoll gebunden waren.
___/29

2 a) es **im Guten** versuchen b) etwas **im Stillen** vorbereiten c) auf **dem Trockenen** sitzen
d) **im Trüben** fischen e) aus **dem Vollen** schöpfen f) **ins Schwarze** treffen g) **das Richtige** tun
h) eine Fahrt **ins Blaue** machen i) es **aufs Neue** versuchen j) alles **beim Alten** lassen
___/10

3 **Es** lie**ß** nicht lange auf **s**ich warten, bi**s** der Kommi**ss**ar da**s** Geheimni**s** aufgelö**s**t hatte. Er wu**ss**te, da**ss** der Ka**ss**ierer blo**ß** ein bi**ss**chen zu nachlä**ss**ig war.
___/14

Seite 19

4 Dienstagabend, morgen früh, montagmorgens, gestern Nachmittag, morgen Abend, heute Mittag
___/12

5 breitgemacht, zu dicht bebaut, um sein, zu sein, zu sein, bekanntmachen/bekannt machen, davonkommen, davon kommen, blank putzen/blankputzen
___/10

6 Jennifer **starrte** Ben mit **großen** Augen an. Sie **fragte** sich, ob Ben **jetzt übergeschnappt war** oder sie – **bereits** zum **dritten** Mal! – in ein **absolut unglaubliches** Computer-**Abenteuer gestürzt** waren? Sie **konnte** sich **nicht entscheiden** und **enthielt** sich jeglichen **Kommentars**.
___/18

93 bis 75 Punkte	74 bis 46 Punkte	unter 46 Punkte
sehr gut bis gut	befriedigend bis ausreichend	nicht mehr ausreichend

___/93

Anmerkungen:
Aufgabe 1 a): Die Großschreibung ist am Satzanfang, bei Substantiven und bei Namen erforderlich. Für jede richtige Großschreibung erhältst du 0,5 Punkte. Im Text gibt es 36 Großschreibungen, du erhältst also maximal 18 Punkte.
b) Insgesamt gibt es 22 Substantive mit Begleitern. Für jede richtige Unterstreichung erhältst du 0,5 Punkte, insgesamt also maximal 11 Punkte.

Kapitel 2: Wortarten: Das Verb

Seite 21

1

Wortart	flektierbar	unflektierbar	Beispiele
Verb	X		regnet, machen, probieren, vorgelesen hat, geht, verdüstern, rettet

Nomen	X		Geschwister, Wochenende, Wohnung, Spiel, Spaß, Kinder, Handy, Inliner, Nachricht
Pronomen	X		sie (Singular und Plural)
Artikel	X		die, der, ein, eine, das, den
Adjektiv	X		neu, groß
Numerale	X		ein, alle, jeder, drei
Adverb		X	laut, wutentbrannt
Präposition		X	nachdem, zu Beginn, dann
Konjunktion		X	weil, da, denn, und

2 Auf dem Weg zum Spielplatz **trifft** Franziska ihre Freundin Luisa. Luisa erzählt der erstaunten Franziska, dass die gemeinsame Freundin Marie **angerufen hat**. Marie **erzählte** Luisa, dass Sören sie vorgestern nach der Schule zu einem Eis **eingeladen hatte**. Nun gibt es für Franziska und Luisa viel Gesprächsstoff und so **werden** Laura und Florian ohne sie weiter zum Spielplatz **gehen**. **Seite 22**

3/4 treffen - traf - getroffen (starkes Verb); anrufen - rief an - angerufen (starkes Verb); erzählen - erzählte - erzählt (schwaches Verb); einladen - lud ein - eingeladen (starkes Verb); gehen - ging - gegangen (starkes Verb)

5 **Seite 23**

Infinitiv	**Indikativ**	**Konjunktiv I**	**Konjunktiv II**	**Imperativ**
schwimmen	ich schwimme	**ich schwimme**	**ich schwämme**	**schwimm**
suchen	**er sucht**	er suche	**er suchte**	**such**
füttern	du fütterst	**du fütterst**	**du füttertest**	**füttere**
sehen	**sie sieht**	**sie sehe**	sie sähe	**sieh**
kommen	wir kommen	**wir kommen**	**wir kämen**	**komm**
spielen	**er spielt**	**er spiele**	er spielte	**spiel**

6 Die zu ersetzenden Formen sollten sein: er suchte - er würde suchen; du füttertest - du würdest füttern; er spielte - er würde spielen. Der Grund dafür ist, dass der Konjunktiv II dieser Verben sich nicht vom Präteritum unterscheidet.

7 **Seite 24**

Indikativ	**Konjunktiv I**	**Konjunktiv II**	**Imperativ**	**würde+Infinitiv**
sagte	angerufen habe	angerufen hätte	komm	freuen würde
quengelte	sei	wüssten		würden versinken
gehen	gehöre			
bleibt	sei			

8 Die indirekte Rede ist hervorgehoben. **Seite 25**
Marie berichtet Luisa und Franziska:
Ich fragte Sören, **was er denn so in seiner Freizeit mache.** Darauf antwortete Sören, **dass er eigentlich gar nicht so viel freie Zeit habe.** Ich fragte natürlich nach dem Grund. Sören sagte mir, **dass er im Judoverein sei. Er trainiere an drei Nachmittagen in der Woche und müsse an einigen Wochenenden zu Wettkämpfen fahren.** Das interessierte mich, deshalb fragte ich ihn, **welche Farbe sein Gürtel habe.** Sören berichtete stolz, **dass er im Trainingslager in den Winterferien die Prüfung für den grünen Gürtel geschafft habe.**

9 Hier eine mögliche Lösung. Die Veränderungen sind hervorgehoben: **Seite 26**
Franziska glaubt Marie nicht so ganz. Zu ihrer Schwester Laura sagt sie: „Stell dir vor, Marie behauptet, Sören **wäre** im Judoverein. Er **hätte** schon den grünen Gürtel. Marie tat so, als

interessiere sie sich für Judo. Gegenüber mir tat sie so, als würde sie immer an Sören denken." Laura antwortet: „Zu mir hat Marie gesagt, sie **vertraue** dir nicht mehr, weil du nur noch nach Sören schauen würdest. Damit, so meint sie, **gefährdest** du eure Freundschaft." Franziska schaut Laura verblüfft an.

Seite 27

10

Tempus	Aktiv	Vorgangspassiv	Zustandspassiv
Präsens	Er schreibt einen Bericht.	**Der Bericht wird geschrieben.**	**Der Bericht ist geschrieben.**
Präteritum	Er schrieb einen Bericht.	**Der Bericht wurde geschrieben.**	**Der Bericht war geschrieben.**
Perfekt	Er hat einen Bericht geschrieben.	**Der Bericht ist geschrieben worden.**	**Der Bericht ist geschrieben gewesen.**
Plusquamperfekt	Er hatte einen Bericht geschrieben.	**Der Bericht war geschrieben worden.**	**Der Bericht war geschrieben gewesen.**
Futur	Er wird einen Bericht schreiben.	**Der Bericht wird geschrieben werden.**	**Der Bericht wird geschrieben sein.**

11 a) Sören wurde von Marie zu einem Judowettkampf begleitet.
b) Der erste Kampf ist von Sören eindeutig gewonnen worden.
c) Darüber wird in der Schülerzeitung geschrieben werden.
d) Sören wird von seinem nächsten Gegner beobachtet.
e) Das coole Vereinsshirt war von Sören vergessen worden.

Seite 28

12 Zuerst werden 250 g Margarine schaumig gerührt. Anschließend werden nach und nach je 250 g Zucker und Mehl, 4 Eier und 250 g gemahlener Mohn in die Rührschüssel getan. Wenn alles gut verrührt ist, werden ein Päckchen Backpulver und 250 g saure Sahne in den Teig geschüttet. Dieser Teig wird in eine gefettete und gemehlte Backform gefüllt und für 20 Minuten im Backofen bei 180 Grad gebacken. Nach dem Abkühlen wird der Kuchen mit Buttercreme und Kuvertüre überzogen.

13 Mögliche Überarbeitung: Am Wochenende fand in der Sporthalle am Eichweg zum sechsten Mal ein Judoturnier statt. Über 200 Kämpfer waren angemeldet. Nach der Begrüßung durch die Bürgermeisterin begannen die Kämpfe in den verschiedenen Gewichts- und Altersklassen. Die Kämpfe auf den einzelnen Matten wurden jeweils von drei Kampfrichtern geleitet. Die Kämpfe in der Altersklasse U 9 waren schon um 11.00 Uhr beendet.

Seite 29 **Training plus**

12 Wortarten kann man einteilen in flektierbare und unflektierbare Wortarten.
13 Die Stammformen des Verbs lauten: Infinitiv, 1. Person Singular Präteritum und Partizip II.
14 Der Stammvokal der starken Verben verändert sich in der Bildung der drei Stammformen, der Stammvokal der schwachen Verben bleibt gleich.
15 Die vier Modi eines Verbs lauten: Indikativ, Konjunktiv I, Konjunktiv II und Imperativ.
16 Die Form würde + Infinitiv kann als Ersatzform für den Konjunktiv II verwendet werden.
17 Das Genus verbi bezeichnet die Verhaltensrichtung des Verbs.
18 Vorgangs- und Zustandspassiv
19 Die indirekte Redewiedergabe erfolgt im Konjunktiv I.
20 Ein Verb kann nach Person, Numerus, Tempus, Modus und Genus verbi bestimmt werden.
21 Ein flektierbares Wort ist ein im grammatischen Sinn veränderliches Wort, d.h. es kann dekliniert bzw. konjugiert werden.
22 Verben bezeichnen eine Handlung, einen Vorgang oder einen Zustand. Das Verb bildet das Prädikat eines Satzes.

Seite 30 **Abschlusstest**

1 Hier ein Beispiel für eine Zusammenfassung des Gesprächs. Die indirekte Rede wird im Konjunktiv I abgefasst. Wenn diese Form zu undeutlich ist, sollte der Konjunktiv II oder die Umschreibung mit würde + Infinitiv verwendet werden.
Der Vater sagte, dass Hannes vierzehn Tage **nicht fernsehen dürfe**. Außerdem **seien** das Spielen mit dem Hasen Hannibal und jeglicher Ausgang **verboten**. Weiterhin **habe** der Vater das Taschen-

geld für vierzehn Tage **gestrichen**. Auch die Mutter **habe** den aufgebrachten Vater **nicht beruhigen können**. Der Vater erinnerte seine Frau daran, dass sie sich auch schon über die Jungs, zu denen Hannes jetzt **gehöre**, **beschwert habe**. Hannes' Mutter versuchte zu sagen, dass diese Jungs auch noch etwas anderes **täten**, aber der Vater fiel ihr sofort ins Wort und sagte, dass es gar nicht erst soweit **hätte kommen dürfen**. Hannes hielt seinem Vater entgegen, dass er nicht **abgestürzt sei**, sondern jetzt ein Krokodiler **sei**. Der Vater grollte aber immer noch, dass diese Krokodiler nur Erwachsene **ärgern würden**. **___/22**

2 a) er überwand: 3. Person, Singular, Präteritum, Indikativ, Aktiv
b) er schaffe: 3. Person, Singular, Präsens, Konjunktiv I, Aktiv
c) er war gerettet worden: 3. Person, Singular, Plusquamperfekt, Indikativ, Passiv
er wurde gebracht: 3. Person, Singular, Präteritum, Indikativ, Passiv **___/8**

3 Ein mögliches Beispiel für eine Umformung: **Die Feuerwehr rettet einem Jungen das Leben** **Seite 31**
Gestern rief ein Bewohner der Siedlung die Feuerwehr zu einem Einsatz auf dem alten Fabrikgelände. Die Feuerwehrleute retteten einen Jungen aus Lebensgefahr. Eine Jugendbande hatte den Jungen während einer Mutprobe alleingelassen. Er hing an einer alten Dachrinne. Die Eltern bestraften den Jungen. Das Ordnungsamt wird das Gelände der alten Fabrik besser absperren, um eine Wiederholung solcher Situationen zu verhindern. Viele Bürgerinnen und Bürger hatten sich schon bei der Verwaltung beschwert, doch bisher hat diese nicht gehandelt. **___/18**

4 Der Bericht in der Aktivform wirkt **anschaulicher**, weil die **Handelnden benannt** werden. Für eine kurze Meldung in der Zeitung eignet sich dagegen bei einigen Sätzen das Passiv, da das Geschehen im Mittelpunkt steht. **___/2**

50 bis 40 Punkte	39 bis 25 Punkte	unter 25 Punkte
sehr gut bis gut	befriedigend bis ausreichend	nicht mehr ausreichend

___/50

Anmerkungen:
Aufgabe 1: Für jede indirekte Rede mit korrekter Verbform gibt es zwei Punkte. Achtung: Einige Verben stehen schon in der korrekten Form! Aufgrund der geforderten Zusammenfassung sind maximal 22 Punkte möglich.

Kapitel 3: Satzbau und Zeichensetzung

1 a) Nationalparks / befinden sich / meist / in wenig besiedelten Gebieten. **Seite 32**
Sie / bieten / vielen heimischen Tier- und Pflanzenarten / eine Heimat.
Vor allem / schützen / Nationalparks / viele bedrohte Tiere und Pflanzen.
So / soll / deren langfristiges Überleben / sichergestellt werden.
b) Die finiten Verbformen sind: befinden, bieten, schützen, soll.
c) Bei der Umstellprobe wird die Reihenfolge der einzelnen Glieder des Satzes verändert. Dies wird am 1. Satz exemplarisch gezeigt. Hier wird auch deutlich, dass solche Umstellungen die Satzaussage verändern können:
Meist / befinden sich / Nationalparks / in wenig besiedelten Gebieten.
In wenig besiedelten Gebieten / befinden sich / meist / Nationalparks.

2 a) Folgende Subjekte mussten im Text rot unterstrichen werden: **Seite 33**
der Yellowstone-Nationalpark; der erste Nationalpark; es; die beiden größten Nationalparks Schleswig-Holsteinisches Wattenmeer und Niedersächsisches Wattenmeer; fünf weitere Nationalparks; der Müritz-Nationalpark; die Müritz; er; die; der Serrahner Urwald
b) Die Prädikate sollten grün markiert werden:
wurde gegründet; wurde errichtet; gibt; umfassen; wurden gegründet; entstand; ist; befindet sich; wird genannt; ist
c) Die finiten Verbformen sind Bestandteile des Prädikats und wurden in b) unterstrichen.

3 1. Prädikat: Was geschieht? Was wird getan? **Seite 34**
2. Akkusativobjekt: Wen oder was?

3. Präpositionalobjekt: Mit wem?
4. Akkusativobjekt: Wen oder was?
5. Subjekt: Wer oder was?
6. Prädikat: Was geschieht? Was wird getan?

4 die größte zusammenhängende Waldfläche,

in wenig besiedelten Gebieten, viele bedrohte Tiere und Pflanzen,

der erste Nationalpark, der größte See Norddeutschlands

eine einzigartige Tierwelt, vom Aussterben bedrohte Arten,

andere typische Bewohner des Bayerischen Waldes

Seite 35 5 **Temporalbestimmung:** fast immer; wenn von dem Luchs die Rede ist; über viele Jahrzehnte; bereits; ab etwa 1950
Kausalbestimmung: wegen starker Verfolgung; aufgrund gezielter Ausrottungsmaßnahmen
Modalbestimmung: langsam; gezielt
Lokalbestimmung: in Eurasien; im deutschen Sprachgebrauch; in Europa; aus Westeuropa; aus angrenzenden Siedlungsgebieten

Seite 36 6 Hier sind verschiedene Lösungen möglich. Wichtig ist, je nach Konjunktion die nötigen Kommas zu setzen oder Kommas nicht zu setzen. Die finiten Verbformen sind unterstrichen.
a) + b) Der Luchs lebt als Einzelgänger **und** er ist ein Überraschungs- oder Lauerjäger.
c) + d) In der Regel ruhen Luchse während des Tages in ihren Verstecken, **denn** sie jagen vor allem in der Dämmerung und nachts.
e) + f) Sie schlagen ihre Beute vor allem an regelmäßig begangenen Wildwechseln, **aber** das Beutetier wird bestenfalls über eine kurze Strecke verfolgt.
g) + h) Die Pranken der Luchse sind groß **und** sie verhindern im Winter ein tiefes Einsinken in den Schnee.

Seite 37 7 Bei dieser Aufgabe ist zu beachten, dass nicht nur Aufzählungen innerhalb von Satzgliedern auftreten, sondern auch in zwei Fällen Hauptsätze aufgezählt werden (Sätze 2 und 3), die durch Kommas voneinander abgetrennt werden müssen.

Text 2: Der Nationalpark Schleswig-Holsteinisches Wattenmeer
Das Gebiet beheimatet etwa 3.200 Tier- und Pflanzenarten (Akkusativobjekt). Schollen, Seezungen und Heringe (Subjekt) ziehen ihre Kinder im Gebiet auf, ebenso leben hier Seehunde, Schweinswale und Kegelrobben (Subjekt). In Zone I sind Wattwanderungen, Radwanderungen, Reiten und Kutschfahrten (Subjekt) nur auf ausgewiesenen Wegen erlaubt, die Jagd ist gänzlich verboten. Das Wattenmeer ist nach dem Tropischen Regenwald das zweitproduktivste Ökosystem. Die im Wattenmeer zu findenden Lebensformen umfassen Kieselalgen, Schnecken, Würmer, Muscheln und Garnelen (Akkusativobjekt). Auf den Sandbänken im Wattenmeer sind Seehunde und in kleinerer Anzahl Kegelrobben (Subjekt) zu beobachten. Auf den Salzwiesen, die den Säbelschnäblern und Seeschwalben (Dativobjekt) zum Brüten dienen, blühen im Sommer die Stranddistel und der Strandhafer (Subjekt).

8 a) + c) Auf den Salzwiesen (Lokalbestimmung), die (Subjekt) den Säbelschnäblern und Seeschwalben (Dativobjekt) zum Brüten (Präpositionalobjekt) dienen (Prädikat), blühen (Prädikat) im Sommer (Temporalbestimmung) die Stranddistel und der Strandhafer (Subjekt).
b) Die finite Verbform ist im Hauptsatz *blühen*, im Nebensatz *dienen*.
d) Die beiden Kommas müssen gesetzt werden, um den eingeschlossenen Nebensatz vom Hauptsatz abzugrenzen.

Seite 38 9 a) Folgende **Subjekte** mussten im Text rot unterstrichen werden: Der Seehund; der; Seehunde; die; Seehunde; sie; sie; Dies; sie; Männchen; ihre Lebenserwartung
Die **Prädikate** sollten grün markiert werden: sich unterscheidet; ist; sind; tauchen können; sind; kommen zusammen; achten; ist; reagieren; verausgaben sich; ist

b) Die **finiten Verbformen** sind Bestandteile des Prädikats und wurden in a) unterstrichen.
c) + d) Die Hauptsätze sind unterstrichen. Einleitewörter der Nebensätze wurden grün markiert.
Der Seehund, **der** sich von der Kegelrobbe durch ein geringeres Gewicht und durch den rundlichen Kopf unterscheidet, ist eine in allen nördlich-gemäßigten Meeren verbreitete Robbe aus der Familie der Hundsrobben. Seehunde sind sehr gute Schwimmer, **die** bis zu 200 m tief und 30 Minuten lang tauchen können. **Während** Seehunde im Wasser einzelgängerisch sind, kommen sie auf Sandbänken oft zu kleinen Gruppen zusammen, **wobei** sie auch dort auf genügend Abstand zueinander achten. Dies ist notwendig, **da** sie aggressiv auf Berührung durch Artgenossen reagieren. Besonders Männchen verausgaben sich bei gegenseitigen Angriffen, **wodurch** ihre Lebenserwartung im Durchschnitt geringer als die der Weibchen ist.

10 Diese **Subjekte** müssen im Text rot unterstrichen werden: Touristen; die; die; Touristen; die Mutter; so ein Jungtier; das. **Seite 39**
Die **Prädikate** sollten grün markiert werden: sind; wandern und entdecken; gelassen werden; stoßen und berühren oder streicheln; akzeptieren; verloren hat; wird bezeichnet
Auch hier wurden die **finiten Verbformen** als Bestandteil des Prädikats unterstrichen.
Die Hauptsätze sind unterstrichen. Die Einleitewörter der Nebensätze sind grün markiert und die fehlenden Kommas gesetzt.
Ein Problem für die Seehunde des Wattenmeeres sind oft Touristen, **die** im Watt wandern und junge Seehunde entdecken, **die** von den Muttertieren während der Nahrungssuche für lange Zeit allein gelassen werden. **Wenn** in dieser Zeit Touristen auf die Jungen stoßen und sie berühren oder gar streicheln, wird die Mutter das mit Menschengeruch behaftete Tier wahrscheinlich nicht mehr akzeptieren. So ein Jungtier, **das** seine Mutter dauerhaft verloren hat, wird als „Heuler" bezeichnet.

11 Die finiten Verbformen wurden unterstrichen. Zu beachten ist die ungewöhnliche Stellung der finiten Verbform im Kausalsatz. **Seite 40**

Kausalsatz:	**Da** es langsam eng wurde im Deutschen Meeresmuseum in Stralsund
Temporalsatz:	**Nachdem** bereits 1991 am Darßer Ort das Natureum und 1999 auf der Insel Dänholm das Nautineum als Außenstelle eröffnet wurden
Konsekutivsatz:	**sodass** die Besucher mit allen Sinnen einen Eindruck von der Nord- und Ostsee und dem nordatlantischen Polarmeer gewinnen
Modalsatz:	**indem** man ein grandioses Tunnelaquarium besichtigt Dieser Nebensatz ist kein Adverbialsatz, sondern ein Relativsatz: **die** Nachbildungen von Walen in Originalgröße zeigt und dabei eine Toninszenierung abspielt
Finalsatz:	**damit** die größten Lebewesen der Erde für die Besucher hörbar werden

Training plus
Seite 41

23 Das Prädikat wird aus Verben gebildet.
24 Nach dem Subjekt, mit dem die finite Verbform in Person und Zahl übereinstimmt.
25 Das Präpositionalobjekt ist mit einer Präposition an das Prädikat gebunden.
26 Attribute bestimmen Substantive näher, aber auch Adjektive und Adverbien.
27 Wie? Auf welche Art und Weise?
28 An zweiter Stelle.
29 Konjunktionen wie *und, oder, aber* können Hauptsätze verbinden.
30 Wenn die Glieder der Aufzählung durch *und, oder, sowie, beziehungsweise, weder … noch* verbunden sind.
31 Jedes Satzgefüge enthält genau einen Hauptsatz.
32 Nebensätze können nicht allein stehen. Sie werden durch Komma vom Hauptsatz abgetrennt. Nebensätze haben häufig ein Einleitewort und die finite Verbform steht an letzter Stelle.
33 Je nach Art des Adverbialsatzes gibt es unterschiedliche Konjunktionen, z. B. *als, weil, indem, damit, sodass, wo, ehe …*

Abschlusstest
Seite 42

1 Die vorgeschlagenen Lösungen sind nur Beispiele. Es gibt viele Lösungsmöglichkeiten.
An der Ostsee locken weite Strände **Besucher und Einheimische** zum Erholen.
Viele Touristen kommen **jedes Jahr** hierher.
Sie wandern gern **am Strand**.

Eine Menge Strandgut wird **von den Wanderern** gesammelt.
Möwen streiten sich **laut schreiend** um das Futter.
Am Strand kann man **wegen des häufigen Windes** gut Drachen fliegen lassen.
Volleyballfelder und Spielplätze bieten **Erwachsenen und Kindern** viel Spaß.
Kinder spielen **dort mit Muscheln und Steinen**.
Cafés und Eisdielen laden **die Urlauber zum Ausruhen und Genießen** ein.
___/26 Die Urlaubsfotos werden **immer wieder neugierig** angeschaut.

2 a)+b) Die finiten Verbformen sind unterstrichen, die Kommas grün markiert.
Scheinbar unberührt <u>liegt</u> der kleine See im Müritz-Nationalpark. Es <u>ist</u> Juni**,** einige Enten <u>sind</u> unterwegs und im flachen Wasser <u>spielen</u> Fische an der Oberfläche. Am Himmel <u>taucht</u> ein Vogel auf. Sein Flugbild <u>ähnelt</u> dem einer großen Möwe. Mehr <u>ist</u> wegen der fast 50 Meter Flughöhe nicht zu erkennen. Der Vogel <u>steht</u> rüttelnd in der Luft**,** dann <u>legt</u> er plötzlich die Schwingen an und <u>lässt</u> sich mit rasanter Geschwindigkeit hinabfallen. Mit nach vorn gestreckten Fängen <u>stürzt</u> er ins Wasser. Das Wasser <u>spritzt</u> auf**,** der Vogel <u>erhebt</u> sich**,** <u>hält</u> einen Fisch in den Fängen und <u>zieht</u> mit kräftigen Flügelschlägen davon. Dieses eindrucksvolle Bild <u>lässt</u> sich an vielen Stellen beobachten**,** denn mit seinen über hundert Seen <u>ist</u> der Müritz-Nationalpark ein ideales Fischadlerrevier.

c) Satzformen: Dieser Text besteht aus **Hauptsätzen**, die zum Teil aneinandergereiht wurden. Das heißt, wir finden einfache Sätze und **Satzreihen**.
___/20,5

Seite 43 3 Auch hier sind verschiedene Lösungen möglich, z.B.:
Fischadler sind Zugvögel **und** sie sind von März bis Oktober bei uns zu Gast. (Satzreihe)
Als Brutplatz bevorzugen sie Strommasten**, weil** geeignete Horstbäume oft fehlen. (Satzgefüge)
Fischadler sind sogenannte Sturztaucher**, die** sich ausschließlich von Fisch ernähren. (Satzgefüge)
Fischadler haben mächtige Klauen**, womit** sie Fische mit einem Gewicht von bis zu 1,2 kg ergreifen können. (Satzgefüge)
Etwa 500 Brutpaare leben heute vor allem in Mecklenburg-Vorpommern und Brandenburg**, da** diese Gegenden dünn besiedelt sind und viele Seen haben. (Satzgefüge)
___/10

4 a) Weil ein Sturm heranzog, musste die Bootsfahrt abgesagt werden.
b) Jugendwaldheime wurden geschaffen, damit Schulklassen der Natur unmittelbar begegnen können.
c) Nachdem sie von der Nachtwanderung zurückgekehrt waren, fielen die Schüler erschöpft in ihre Betten.
d) Obwohl sie müde waren, erzählten alle noch eine Weile.
___/8

64,5 bis 52 Punkte	**51 bis 32 Punkte**	**unter 32 Punkte**
sehr gut bis gut	befriedigend bis ausreichend	nicht mehr ausreichend

___/64,5

Anmerkungen:
<u>Aufgabe 1:</u> Für jedes richtig ergänzte Satzglied gibt es zwei Punkte, für die letzten drei Sätze daher jeweils 4 Punkte. Achtung: Die Art des Satzglieds muss stimmen. Für die Stellung im Satz und die Ergänzung gibt es jedoch unterschiedliche Möglichkeiten.
<u>Aufgabe 2:</u> a) Für jede finite Verbform gibt es 0,5 Punkte. b) Für jedes richtig gesetzte Komma gibt es zwei Punkte. c) Es gibt einen Punkt für die Antwort Hauptsätze, einen Punkt für die Antwort Satzreihe.

Kapitel 4: Analyse von Sachtexten

Seite 44/45 1/2 Text 1 ist ein informierender Text.
Text 2 ist ein eher meinungsbildender Text. Das erkennt man u.a. an folgenden Meinungsäußerungen: Häufig wird die reine Kunst des Judo allerdings nicht mehr gelehrt. Zu viele sogenannte Meister treten an, um ihren Schützlingen die angeblich wahre Judokunst zu vermitteln. … was eigentlich nur eine modische Spielerei ist. … Auch hier zeigt sich eine Inflation. Wie kann es sein, dass ein zehnjähriger Junge bereits den grünen Gürtel trägt? Das zeugt nicht von besonderem Talent, sondern von einem unverantwortlichen Trainer.

3 In Text 3 geht es um asiatische Kampfsportarten. **Seite 46**

4 a) Aussagen zum **Kung-Fu** finden sich im **5. Abschnitt**, Aussagen zum **Jiu-Jitsu** im **letzten Abschnitt** des Textes.
c) Kung-Fu ist eine Kampfsportart, in der Beinstöße, Würfe und Haltegriffe eingesetzt werden. Jiu-Jitsu ist eine Kampfsportart, in der Griffe, Würfe und Tritte eingesetzt werden.

5/6 Unbekannte Wörter könnten sein: **variierende situative Bedingungen** (verschiedene durch die Situation bedingte Bedingungen); **Set** (Zusammengehöriges); **Intention** (Absicht); **Antizipation** (Vorwegnahme); **klassifizieren** (einteilen). **Seite 48**

7 Der Text beschreibt die Anforderungen der Sportart Judo.

8 Die Bücher b und d eignen sich für die Ausarbeitung eines Kurzvortrages zum Thema Kung-Fu. Buch c kann gegebenenfalls hinzugezogen werden, wenn der Zusammenhang zwischen Sport und Gesundheit ebenfalls angesprochen werden soll. **Seite 49**
Buch a ist nicht geeignet, weil es ein Randthema behandelt und es beim Kung-Fu in Spielfilmen weniger um den Sport als um die Wirkung von „Action" geht.

9 Es werden alle Internetseiten angezeigt, die die Wörter Kung-Fu und Deutschland enthalten.

10 Text 5 behandelt die Geschichte des Judo. **Seite 50**

12 **Absatz 1:** Die Entwicklung des Judo aus dem Jiu-Jitsu;
Absatz 2: Judo bedeutet „der sanfte Weg";
Absatz 3: Techniken des Judo;
Absatz 4: Judo in Deutschland.

13 Hauptinhalt des Textes (in Stichworten):
- Judo entwickelte sich aus dem Jiu-Jitsu.
- 1868 Öffnung Japans – Kampfkünste werden als überholt angesehen
- Japaner Jigoro Kano schuf 1882 Grundlage des Judo.
- Judo bedeutet „der sanfte Weg".
- Kano schuf die zentrale Schule des Judo, „Kodokan".
- Prinzipien dieser Schule sind bis heute: gegenseitiges Helfen und Ehrerbietung gegenüber dem Meister.
- Tödliche Techniken wurden aus dem Judo entfernt, Fallübungen wurden aufgenommen.
- geringe Verletzungsgefahr beim Judo trug zu dessen Verbreitung in Japan bei
- 1906 Gründung der ersten deutschen Jiu-Jitsu Schule
- 1932 Gründung des Deutschen Judo-Ringes
- Deutscher Judoverband ist einziger nationaler Verband, der vom Kodokan anerkannt wird

14/15 **Abschnitt 1:** – Judo – Kampfsportart aus Japan **Seite 52/53**
– Judo ist Wechselspiel zwischen Angriff und Verteidigung
– Judo unterstützt Entwicklung zum harmonischen Menschen
Abschnitt 2: – Judo ist seit 1964 olympische Disziplin
– Judo ist in Deutschland weit verbreitet
– deutsche Judoka gehören zur Weltspitze
Abschnitt 3: – Judo ist wichtig für Selbstbehauptung und Selbstverteidigung
Abschnitt 4: – Mitgliederzahl im DJB steigt

16 Die Überschrift könnte lauten **Merkmale und Bedeutung von Judo**

17 Eine anschauliche Methode der Darstellung ist das **Säulendiagramm.**

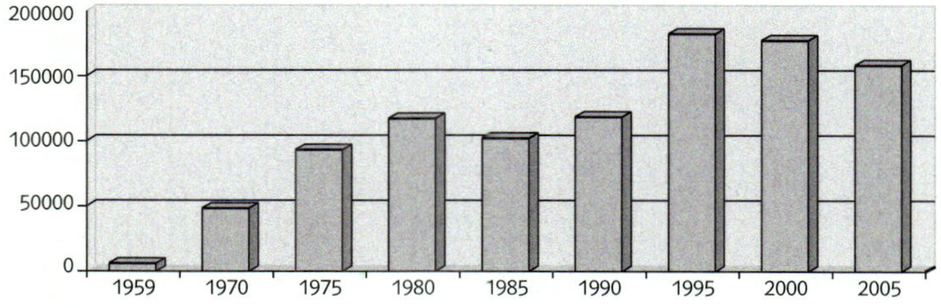

Seite 54

18 Schlagwörter zum Thema **Karate** könnten sein: **Kampfsport**, **Japan**, **Waffenlosigkeit**

Seite 54/55

Training plus

34 Meinungsbildende Texte erkennt man daran, dass der Autor wertet, d.h. er äußert Meinungen.
35 Texte, die vor allem Fakten vermitteln, werden als informierende Sachtexte bezeichnet.
36 Man arbeitet mit Unterstreichungen und Randbemerkungen.
37 Ein Zeitstrahl eignet sich dazu, chronologische Abläufe darzustellen.
38 Ein Diagramm veranschaulicht Informationen, die sich in Zahlen ausdrücken lassen.
39 Beim selektiven Lesen werden nur die Textteile genau gelesen, die für die Aufgabenstellung wichtig sind.
40 Zunächst werden Schlagwörter zum Thema des Referats gesucht, anschließend hilft der Schlagwortkatalog herauszufinden, welche Bücher zum gesuchten Thema in der Bibliothek vorhanden sind.
41 Fremdwörterbuch
42 Lexikon
43 Internet (mithilfe von Suchmaschinen und Online-Lexika)
44 Möglichst genaue Treffer gibt es nach der Eingabe: **„Kung-Fu in Deutschland"**. Möglich ist auch die Eingabe **+Kung-Fu+Deutschland.**
45 Die Anführungszeichen „" bedeuten, dass nur Seiten aufgelistet werden, die die genaue Formulierung in den Anführungszeichen enthalten.
46 Das Zeichen + bedeutet, dass alle Seiten aufgelistet werden, welche die mit + verbundenen Begriffe enthalten.
47 Internetsuchmaschinen sind beispielsweise: www.google.de oder www.yahoo.de.

Seite 57

Abschlusstest

__/5 1 Es geht um die **geographische Lage**, das **Klima**, die **Bevölkerung** und den **Sport** in **Japan**.

2 Unbekannte Wörter könnten sein:
Archipel (Inselgruppe); **Taifun** (tropischer Wirbelsturm); **ethnisch** (Volksgruppen betreffend); **homogen** (gleichartig, gleichmäßig zusammengesetzt); **Samurai** (Angehöriger des japanischen Adels). __/8

3 Abschnitt 1: **Die Lage Japans**
Abschnitt 2: **Das Klima in Japan**
Abschnitt 3: **Die Bevölkerung Japans**
Abschnitt 4: **Die Entwicklung des Sports in Japan** __/8

4 Aussagen zum **Klima** finden sich vor allem im **Abschnitt 2**.
- Japan ist in unterschiedliche Klimazonen eingeteilt
- Norden: kalt-gemäßigte Klimazone
- Süden: subtropische Klimazone
- Monsune im Juni und Juli im Süden
- Taifune im Süden und Südwesten

Aussagen zur **Lage** finden sich im **ersten Abschnitt**.
- Japan ist eine Inselkette im Pazifik entlang der Ostküste Asiens
- Hauptinseln: Hokkaido, Honshu, Shikoku und Kyushuim
- Japan liegt vor den Küsten Russlands, Nord- und Südkoreas und Chinas __/20

__/4 5 Die Überschrift könnte lauten: **Wissenswertes über Japan** oder **Japan entdecken.**

__/4 6 Die Eingaben **„Fußball in Japan"** oder **+Fußball+Japan** sind möglich.

7 Aussagen zum Thema **Sport in Japan** finden sich **im vierten Abschnitt**.
- Sport in Japan seit dem 7. Jahrhundert nachgewiesen
- vor allem traditionelle Sportarten, die für den Kampf notwendig waren
- daraus entwickelte sich die Kampfkunst (17./18. Jahrhundert)
- Einzug westlicher Sportarten wie Baseball und Fußball (zweite Hälfte des 19. Jahrhunderts)
- Entwicklung der heutigen Kampfkünste (Anfang des 20. Jahrhunderts)
- heute: vielfältige Sportarten __/14

8 Eine mögliche Strukturskizze:

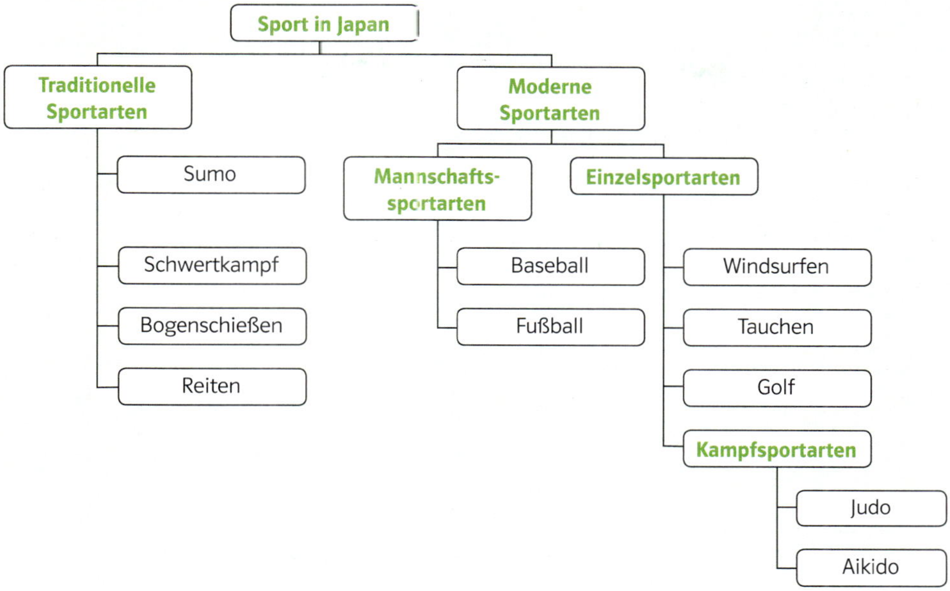

___/20

83 bis 66 Punkte	65 bis 42 Punkte	unter 42 Punkte
sehr gut bis gut	befriedigend bis ausreichend	nicht mehr ausreichend

___/83

Anmerkungen:
Aufgabe 1: Für jeden grün markierten Inhalt gibt es einen Punkt.
Aufgabe 2: Vier unbekannte Wörter werden vorausgesetzt. Für jedes richtig erklärte Wort gibt es zwei Punkte, also insgesamt acht Punkte. Solltest du fünf Wörter richtig erklärt haben, kannst du dir zwei Zusatzpunkte geben. Mehr sind aber nicht möglich.
Aufgabe 4: Für die Nennung des richtigen Abschnitts gibt es jeweils zwei Punkte. Für jeden oben angeführten Spiegelstrich gibt es ebenfalls zwei Punkte.
Aufgabe 6: Eine der oben vorgegebenen Lösung reicht.
Aufgabe 7: Für die Nennung des richtigen Abschnitts und jeden oben angeführten Spiegelstrich gibt es zwei Punkte.
Aufgabe 8: Für die grün markierten Oberbegriffe gibt es 1,5 Punkte, für jeden Unterbegriffe jeweils einen Punkt.

Kapitel 5: Analyse literarischer Texte

1 individuelle Lösungen Seite 58

2 Die Hauptfigur, ein Junge, erzählt von einer bei ihm und seinen Brüdern sehr unbeliebten Tradition zu Ostern. Der Vater schneidet den vier Brüdern jedes Jahr die Haare radikal ab, sodass sie in der Schulmesse am Ostersonntag mit ihren Glatzen den Spott der Leute ertragen müssen. Seite 59

3 a) Textstellen zur Beschreibung des Vaters finden sich besonders in den Zeilen 1 - 3 („Mein Vater konnte alles: Haare schneiden, Schuhe besohlen, Tische machen, Gurken einlegen, Gänse schlachten, anstreichen, kochen und sogar auf der Nähmaschine nähen.") und 19 - 21 („Unser Vater behauptete, das Haar sei, wie alles, was wächst, den Naturgesetzen unterworfen."). Die vier Brüder werden in den Zeilen 4 - 11 beschrieben. („Wir Jungen aus dem Hinterhaus waren für unsere Haarschnitte berühmt", „Kopf eine Runkelrübe", „Wie die Pfeifen der Kirchenorgel", „unsere Bank", „Wehe, wenn sich andere darin breitmachten.")

b) Zunächst werden in einer Aufzählung alle Tätigkeiten beschrieben, die der Vater ausübt. Dann wird eingeschränkt, dass er zwar alles selbst macht, aber nichts wirklich gut beherrscht. Der Vater bestimmt in der Familie und ordnet alljährlich zu Ostern einen radikalen Haarschnitt für die männlichen Familienmitglieder an.

Seite 60

4 Sprachliche Mittel: „an diesem Schreckenstag", „besonders schlimm war es immer in der Reihe hinter uns", „unsere zu Ostern kahl geschorenen Schädel"

5 Es wird die Ich-Perspektive gewählt. Der Ich-Erzähler ist an der Handlung beteiligt. Er beschreibt seine Gedanken und Gefühle und bewertet das Geschehen („Mein Vater", „Wir Jungen aus dem Hinterhaus", „wir Kinder", „Wir vier Brüder", „Ich bin überzeugt").

Seite 62

6 Die Kurzgeschichte beschreibt eine für Heranwachsende typische Situation. Jugendliche betrachten ihr Äußeres, das sich verändert, oft sehr kritisch und sind unglücklich über angebliche Schönheitsfehler. In dieser Geschichte will ein Mädchen wegen ihrer angeblich zu großen Nase nicht zur Klassenfete gehen und zieht sich zurück. Ein Gespräch mit ihrem Onkel tröstet sie und gibt ihr neues Selbstbewusstsein.

Seite 63

7 Merkmale einer Kurzgeschichte: Alltagssituation (vgl. Aufgabe 6). Die Handlung spielt innerhalb einer kurzen Zeitspanne („Es ist fast 20 Uhr", „Um 20 Uhr ist eine Klassenfete"), und an einem Ort (Irinas Zimmer). Die Kurzgeschichte hat einen unvermittelten Beginn (die Figuren werden nicht vorgestellt) und einen abrupten Schluss (Irina eilt zur Klassenfete).

8 Die folgenden Aussagen treffen zu:
☒ Der Erzähler steht außerhalb der Geschichte.
☒ Er kann sich in das Denken und Handeln der Figuren hineinversetzen.
☒ Er kann an verschiedenen Orten gleichzeitig sein.
☒ Er kennt Vergangenheit, Gegenwart und Zukunft der Figur.
☒ Die Geschichte wird in der Er-/Sie- Form erzählt.
☒ Von den Figuren wird in der 3. Person berichtet.
Somit wird die Geschichte von einem **auktorialen Erzähler** dargestellt.

9 a) + b) Folgende Sinnabschnitte lassen sich einteilen:

Zeile	**Inhaltszusammenfassung**
Z. 6 - 10	Irina ist in ihrem Zimmer und betrachtet sich im Spiegel. Sie ist mit ihrer Nase unzufrieden und beneidet eine Mitschülerin um ihre Stupsnase.
Z. 11 - 23	Irina ist sehr unglücklich. Sie leidet unter ihren Pickeln und ihrer großen Nase und denkt an den Besuch ihres inzwischen 23-jährigen Onkels, den sie nicht sehen will. Sie entscheidet, die Zimmertür abzuschließen.
Z. 24 - 25	In dem Moment betritt ihr Onkel das Zimmer.
Z. 26 - 34	Irina ist beeindruckt von ihrem Onkel, der sich sehr verändert hat, und spricht mit ihm über ihr Problem. Onkel Thomas tröstet sie und sagt, dass die Pickel mit dem Alter verschwinden würden und auch die Nase noch wachsen würde.
Z. 35 - 48	Darauf reagiert Irina entsetzt. Ihr Onkel kann sie beruhigen, indem er ihr klarmacht, dass Nasen Ansichtssache sind und dass er keine Stupsnasen mag.
Z. 49 - 51	Irina ist erleichtert und befreit von ihren Sorgen. Sie verabschiedet sich überschwänglich und geht zufrieden zu ihrer Klassenfete.

10 Der Wendepunkt in der Geschichte wird durch den Gedankenstrich in Zeile 23 markiert. Das Alleinsein und die ursprüngliche Ablehnung werden unterbrochen durch das Hereinkommen des Onkels und den unerwarteten positiven Eindruck, den Irina von ihm hat.

11 Beim Verfassen der Inhaltsangabe sind die Hinweise von Seite 64 zu berücksichtigen. Für die Einleitung und den Schluss lassen sich die Arbeitsergebnisse aus den Aufgaben 6, 7 und 8 verwenden. Im Hauptteil muss der Handlungsverlauf dargestellt werden (vgl. Aufgaben 9 und 10).

12 Die Schlüsselwörter dieser Geschichte sind *Erfolg* und *schön*. Von besonderer Bedeutung ist der Zusammenhang zwischen beiden Wörtern, der jeweils in der wörtlichen Rede dargestellt wird. („Sie hat neulich Erfolg gehabt, weil sie schön ist." „Sie ist schön, weil sie Erfolg gehabt hat.") **Seite 64**

13 Der Titel weist auf die Kernfrage hin. Es wird gefragt, welche Ursache und Wirkung der Erfolg hat. Zwei unterschiedliche Betrachtungen werden angestellt. **Seite 65**

14 Zwei Personen, Herr K. und sein Begleiter, sehen eine Schauspielerin vorbeigehen und reden über sie.

15 Die Geschichte besteht aus drei Sätzen. Im 1. Satz wird ausgesagt, dass Herr K. eine Schauspielerin vorbeigehen sieht und feststellt, dass sie schön ist. Der 2. Satz zeigt die Reaktion seines Begleiters. Dieser unterstellt ihr, dass sie nur Erfolg gehabt habe aufgrund ihrer Schönheit, also ohne eigene Leistung. Im 3. Satz wird die Antwort von Herrn K. dargestellt. Er ist über die Aussage seines Begleiters verärgert und verteidigt die Schauspielerin, indem er sagt, dass der Erfolg sie schön gemacht habe.

16 Die Geschichte sagt aus, dass es unterschiedliche Gründe für eine Tatsache geben kann und dass man die Dinge von allen Seiten betrachten soll. Dabei soll man sich aber nicht von Neid leiten lassen, sondern Leistung anerkennen.

17 Über einen Mitarbeiter Herrn K.s wird gesagt, dass er Herrn K. ablehne und ihm gegenüber eine unfreundliche Haltung einnehme.

18 Herr K. verteidigt den Mitarbeiter. Er räumt ein, dass die Anschuldigung zwar stimme. Aber er bemerkt auch, dass der Mitarbeiter ihm nicht offen unfreundlich gegenübertrete, sondern nur hinter seinem Rücken.

19 *Affront* kommt aus dem Französischen und bedeutet Beleidigung. Die Überschrift lautet also *Erträgliche Beleidigung*.

20 Die Haltung des Mitarbeiters bedeutet zwar eine Beleidigung für Herrn K., weil er ihm aber nicht offen unfreundlich gegenübertritt, kommt es zu keiner direkten Auseinandersetzung. Da Herr K. die Tatsache kennt und weiß, was er von dem Mitarbeiter zu halten hat, ist die Situation für ihn erträglich.
Der Text zeigt also, dass man darum bemüht sein sollte, den Überblick zu behalten und sein Umfeld richtig einzuschätzen. Gleichzeitig wird aber auch gesagt, dass man klug abwägen sollte, wann eine Reaktion notwendig ist und Handeln erforderlich wird.

21 b) Die Anekdote erzählt von einem Rechtsfall in England. Ein Gentleman wird des Mordes an einem anderen Edelmann angeklagt und es kommt zum Prozess. **Seite 66**

22 Ein auktorialer Erzähler erklärt dem Leser die Besonderheiten der englischen Rechtssprechung und erzählt dann die ungewöhnliche Begebenheit. **Seite 67**

23

a) Abschnitte	b) Handlung
Z. 1 - 4	Der Erzähler erklärt die Gepflogenheiten bei Prozessen in England.
Z. 4 - 12	Der bei Gericht anstehende Fall wird vom Erzähler knapp dargestellt. Er berichtet von dem Streit zwischen dem Angeklagten und dem später erschossen aufgefundenen Gentleman. Weiterhin wird gesagt, dass elf Geschworene den Angeklagten zum Tode verurteilen wollen, der zwölfte sich jedoch weigert.
Z. 13 - 18	Die Auseinandersetzung zwischen den Geschworenen wird genauer beschrieben. Die elf Geschworenen fordern eine Erklärung für die Weigerung des zwölften, der aber auf seiner Haltung beharrt, ohne Gründe zu nennen. Somit entscheiden sich die übrigen Geschworenen gegen ihre Überzeugung, den Angeklagten freizusprechen, da ein einstimmiges Urteil gefunden werden muss. Gleichzeitig legen sie die Umstände ihrer Entscheidung dar.

Z. 18 - 29	Die empörte Reaktion des Publikums wird beschrieben. Der König fordert den zwölften Geschworenen in einem Gespräch auf, seine Haltung zu erklären. Nachdem der Geschworene sich Straffreiheit ausgebeten hat, erzählt er dem König, dass er versehentlich den Tod des Mannes verschuldet habe, es aber keinen Zeugen für den Unfall gegeben habe. Als Geschworener wollte er verhindern, dass der unschuldig Angeklagte zum Tode verurteilt werde.

24 Hintergrundinformationen finden wir im 1. Abschnitt (Z. 1 - 4).

25 a) Die folgende Textstelle musste unterstrichen werden:
„Da ich, fuhr er fort, weder Zeugen meiner Tat, noch meiner Unschuld hatte, …;
fest entschlossen, eher zu verhungern, als den Beklagten umkommen zu lassen. (Z. 24 - 28)
b) Hier legt der zwölfte Geschworene die Gründe für seine hartnäckige Weigerung dar. Es wird deutlich, in welchem Gewissenskonflikt er sich befindet. Der Leser versteht, warum er sich nicht als Täter gestellt hat und warum er sich dann als Geschworener gegen eine Verurteilung des Angeklagten eingesetzt hat. Die in der wörtlichen Rede verwendete Ich-Form lässt eine Innensicht zu.

Seite 68

26 Das lyrische Subjekt befindet sich im Wartezimmer eines Arztes.

Seite 69

27 Der Titel sagt, dass das lyrische Subjekt Fünfter in der Wartereihe ist. In den Strophen wird beschrieben, wie ein Patient nach dem anderen in das Wartezimmer tritt und es wieder verlässt, bis das lyrische Subjekt an der Reihe ist.

28 Sofort fallen an dem Gedicht die durchgehende Kleinschreibung und die fehlenden Satzzeichen auf. Das Gedicht hat 5 Strophen mit je 4 Versen. Die ersten drei Verse der 1. bis 4. Strophe sind identisch, in der letzten Strophe wird der dritte Vers leicht abgewandelt („selber rein"). Die Überschrift und die jeweils letzten Verse der 1.- 4. Strophe bilden durch die Verwendung der Ordnungszahlwörter einen Countdown. Jeder Vers umfasst zwei Wörter. Eine Ausnahme bildet dabei der letzte Vers der 5. Strophe, der aus einem Wort besteht. Das Besondere daran ist die ungewöhnliche Zusammenschreibung des letzten Wortes, das eigentlich aus drei Wörtern besteht und eine wörtliche Rede darstellt, nämlich die Begrüßung des Arztes.

29 Der Autor zeigt eine typische Alltagssituation: das Warten beim Arzt. Die Gleichförmigkeit der Strophen und die ständige Wiederholung derselben Wörter drücken die Monotonie und Langeweile während des Wartens aus. Gleichzeitig wird deutlich, dass die Gedanken des lyrischen Subjekts nur auf das Öffnen und Schließen der Tür gerichtet sind und dass es nur darauf wartet, endlich selbst an der Reihe zu sein.

Seite 70

30 Ein lyrisches Ich beschreibt seine Wahrnehmungen. Es gibt sich in Z. 7 zu erkennen.

31 Das lyrische Ich betrachtet einen vorbeifliegenden Schmetterling. Es sieht für einen Moment den blauen Falter aufleuchten und sich entfernen. Während das lyrische Ich den Schmetterling sieht, verspürt es für einen Augenblick ein Glücksgefühl.

32 Zu unterstreichen sind: *Blauer Schmetterling* (Überschrift), *flügelt, ein kleiner blauer Falter, ein perlmutterner Schauer* (Metapher), *glitzert, flimmert, vergeht.*

33 Das Gedicht besteht aus einer Strophe mit acht Versen, wobei jeweils vier Verse einen Kreuzreim bilden (abab cdcd). Jeder Kreuzreim besteht aus einem Satz. Somit enthält das Gedicht mehrere Enjambements. Dabei ist der Versanfang jeweils großgeschrieben. Durch die bildhaften Adjektive (*blau, perlmutterner*) und durch die ausdrucksstarken Verben (*flügelt, glitzert, flimmert, vergeht, winken*) erreicht der Dichter eine große Anschaulichkeit. Die Verse 4 und 8 sind nahezu identisch. Hier werden die drei Verben *glitzern, flimmern, vergehen* wiederholt, womit der Zusammenhang zwischen dem Schmetterling und dem Glücksgefühl hergestellt wird. Der *Falter* wird mit einem *perlmutternen Schauer* verglichen. Die Verse 5 und 6 bilden eine Anapher. Beide Verse beginnen mit *So*. Im 7. Vers verwendet der Dichter eine Personifikation, er lässt das *Glück winken*.

34 Das Gedicht zeigt, dass auch scheinbare Kleinigkeiten den Menschen glücklich machen können. Insbesondere in der Natur lassen sich viele kleine Glücksmomente erleben. Das Gedicht betont aber auch die Flüchtigkeit des Glücks.

35 Die Ballade hat 11 Strophen, von denen die 1. und 11. Strophe Rahmenstrophen sind. Das eigentliche Balladengeschehen wird in den Binnenstrophen dargestellt (2.–10. Strophe). Jede Strophe hat vier Verse und ist im Paarreim geschrieben. **Seite 72**

36 Das Balladengeschehen ist in den Strophen 2–9 zu finden. Hier sind die handelnden Figuren zu unterstreichen sowie vor allem die Verben, die die ablaufende Handlung verdeutlichen. *Das Riesenfräulein kam* aus der Burg *hervor, stieg hinab … bis in das Tal* (2. Str.), *durchkreuzte … den Wald, erreichte* das von Menschen bewohnte Land (3. Str.), *bemerkt … einen Bauern* mit seinem *Pflug* (4. Str.), *kniet nieder, spreitet … ihr Tüchlein aus, feget* alles *mit ihren Händen* hinein (5. Str.), *eilt … zur Burg* zurück und *suchet den Vater auf* (6. Str.). Der Vater *saß am Tische und trank Wein, er schaut sie an* und *fragt*, was sie da bringe (7. Str.). Das Riesenfräulein *spreitet aus das Tüchlein und fängt an, den Bauern aufzustellen* mit seinem *Pflug* und *Gespann*. Dann *klatscht … und springt und jubelt* sie (8. Str.). Der Vater *wird … ernsthaft und … spricht: … Das ist kein Spielzeug…! Wo du es hergenommen, da trag es wieder hin!* (9. Str.)

37 Der Höhepunkt der Ballade liegt in der 9. und 10. Strophe und zeigt die Reaktion des Vaters auf die Handlung seiner Tochter. Er betont dreimal, dass der Bauer kein Spielzeug sei und unbedingt geachtet werden müsse.

38 Das Balladenurteil bildet den Höhepunkt der Ballade. *Das ist kein Spielzeug nicht! Der Bauer ist kein Spielzeug, was kommt dir in den Sinn?* (9. Str.) *Denn wäre nicht der Bauer, so hättest du kein Brot; es sprießt der Stamm der Riesen aus Bauernmark hervor; Der Bauer ist kein Spielzeug, da sei uns Gott davor!* (10. Str.) Die eindringliche Wiederholung verstärkt die Aussage, dass der Stand der Bauern unbedingte Achtung verdient, da die Bauern die Lebensgrundlage produzieren.

39 Hier sind verschiedene Lösungen möglich, z. B.: Dieser Ballade liegt eine Ortssage zugrunde, die von Riesen und Burgen handelt.

40 a) Der Inhalt wird kurz, aber im Wesentlichen korrekt zusammengefasst. Allerdings werden häufig unpassende Ausdrücke verwendet, z. B. *im Reich der Menschen, auf ihrer Reise, das Menschengebilde, ihr neues Spielgerät*. Diese Ausdrücke sind nicht genau genug. **Seite 73**
b) Dieser Ausschnitt ist sachlich und knapp formuliert und sprachlich angemessen gestaltet. Durch die verdichtete Ausdrucksweise wird der Handlungsverlauf sehr verkürzt zusammengefasst, sodass einige interessante Details weggelassen werden.

Training plus **Seite 74**

48 Märchen, Sagen, Fabeln, Kurzgeschichten, Anekdoten, Kalendergeschichten, Romane.
49 Eine Alltagssituation wird dargestellt. Dabei ist die Handlung auf wenige Personen und einen Ort begrenzt und dauert nur eine kurze Zeitspanne. Kurzgeschichten haben keine klassische Einleitung und oft einen offenen, abrupten Schluss.
50 Anekdoten erzählen Begebenheiten aus dem Leben bekannter Persönlichkeiten oder aus der Geschichte. Dabei enthalten sie eine witzige Pointe.
51 Johann Peter Hebel und Bertolt Brecht
52 Fabeln und Kalendergeschichten
53 als Ich-Erzähler
54 Zeilensprung
55 Personifizierung
56 lyrisches Subjekt, oft auch lyrisches Ich
57 Eine Ballade enthält epische, lyrische und dramatische Elemente. Ein Balladengeschehen wird in Gedichtform erzählt. Dabei handeln und sprechen Figuren. Jede Ballade enthält ein Balladenurteil.
58 Angaben zum Autor, Titel, zur Textart und zum Thema gehören in die Einleitung. Wenn notwendig, sollte auch eine Einordnung in Ort und Zeit der Handlung vorgenommen werden.

Abschlusstest **Seite 75**

1 individuelle Lösungen **freie Lösung**

2 Es handelt sich um eine **Kalendergeschichte**. Mit dieser will der Autor die Leser **unterhalten** und gleichzeitig **belehren**. Johann Peter Hebel ist bekannt für seine Kalendergeschichten. **___/4**

3 Die Hauptfigur der Geschichte ist ein Hofnarr, der mutig und einfallsreich zugleich ist. Der **Titel**

benennt diese Hauptfigur und deren zentrale Eigenschaft („verwegen"), die für den Verlauf der Geschichte entscheidend ist.

___/4

4 Beim Verfassen der Inhaltsangabe sind die Hinweise von Seite 64 zu berücksichtigen.
individuelle Lösungen, z. B.:
Die Kalendergeschichte „Der verwegene Hofnarr" von Johann Peter Hebel handelt von einer hilfreichen List, mit der ein Hofnarr seinem König eine schlechte Nachricht überbringt. Der König liebt sein Pferd so sehr, dass er ankündigt, denjenigen, der ihm jemals die Nachricht vom Tode des Pferdes bringen werde, in seiner großen Trauer hinrichten zu lassen. So traut sich niemand, dem König die Nachricht zu überbringen, als das Pferd wirklich stirbt. Letztendlich geht der Hofnarr zum König und jammert und stottert, sodass der König ahnt, dass etwas mit seinem Pferd geschehen ist. So ruft der König selbst aus, dass es gewiss gestorben sei. Daraufhin lamentiert der Hofnarr noch mehr und bedauert, dass nun der König sich selbst hängen lassen müsse, da er dies ja angekündigt habe. Der König ist verärgert und gleichzeitig belustigt über das Auftreten seines Hofnarren. Er entlässt ihn sofort aus seinen Diensten, gibt ihm aber hundert Dukaten zum Abschied und droht ihm zudem an, ihn sofort dem Henker zu übergeben, sollte er ihn je wiedersehen.

___/15

Seite 77

5 Die Hauptfigur ist gleichzeitig die **Titelfigur**: der **Schatzgräber**. Er ist **arm und leidet darunter**. Da er **Reichtum für das höchste Gut hält**, macht er sich auf, nach einem **Schatz** zu graben, und ist bereit, seine **Seele dafür herzugeben**.

___/12

6 1. Strophe: Der Schatzgräber denkt über seine Situation nach und will sie ändern. Er leidet unter seiner Armut und beschließt, nach einem Schatz zu graben. Dafür ist er sogar bereit, seine Seele dem Teufel zu verschreiben.
2. Strophe: Der Schatzgräber übt schwarze Magie aus und nimmt eine Beschwörung vor. Anschließend gräbt er nach dem Schatz.
3. Strophe: Um Mitternacht sieht er ein Licht in der Ferne. Ein Knabe nähert sich ihm mit einer leuchtenden Schale in den Händen.
4. Strophe: Der Knabe tritt in den magischen Kreis und fordert den Schatzgräber auf, aus der Schale zu trinken. Dieser hat Vertrauen zu ihm und ist sicher, dass der Knabe nicht der Teufel ist.
5. Strophe: Der Knabe belehrt den Schatzgräber und erklärt ihm den Weg zum Glück. Er erwartet, dass der Schatzgräber aufhört zu graben und stattdessen fleißig arbeitet, um zu Glück und Wohlstand zu gelangen.

___/10

7 **Schatzgräber:** *„Und, zu enden meine Schmerzen, ging ich, einen Schatz zu graben."*
Der Weg zum Glück führt für ihn über Reichtum. Daher will er nach verborgenen Schätzen suchen.
Knabe: *„Tages Arbeit, abends Gäste! Saure Wochen, frohe Feste! Sei dein künftig' Zauberwort."*
Glück erreicht man nur durch harte Arbeit. So soll man fleißig arbeiten und nach getaner Arbeit feiern und genießen.

___/6

8 Die Ballade ist inhaltlich in **zwei Abschnitte** geteilt. Sie umfasst **fünf Strophen** mit je **acht Versen**. Jede Strophe hat **vier Reime**, die miteinander verschränkt sind (**abbcaddc**).
Der **1. Abschnitt (1. + 2. Str.) beschreibt die Ausgangssituation des lyrischen Ichs und die** ausgeführten magischen Handlungen bei der **Schatzsuche. Armut und Reichtum** werden gegenübergestellt und mit **Superlativen** beschrieben. Während *Armut* als *größte Plage* bezeichnet wird, ist *„Reichtum das höchste Gut"*. In den **Beschwörungen** sind **Alliterationen** zu finden (*Kreis um Kreise, Kraut und Knochenwerk*). Die Umstände der Schatzsuche sind unheimlich: *„schwarz und stürmisch war die Nacht"*. Dieses steht symbolisch für dunkle Geheimnisse und das Böse.
Im **2. Abschnitt (3.–5. Str.) wird die Begegnung mit dem Knaben beschrieben**. Das ***Licht*** (1. Vers, 3. Str.) ist das **Symbol des Guten und der Erkenntnis**. Das **Auftreten des Knaben** wird mit einer Reihe positiv klingender Wörter verbunden (*heller ward's, Glanz, schöner Knabe, holde Augen, Blumenkranze, Himmelsglanze, freundlich, schöne, lichte Gabe*). Dies steht im **Gegensatz zum Bösen**. *Der Böse* (8. Vers, 4. Str.) steht hier für den **Teufel**.
Die letzte Strophe besteht aus einer wörtlichen Rede, in der der Knabe den Schatzgräber belehrt. Die **Imperative *trinke* und *grabe*** *nicht* bzw. *sei* verdeutlichen die **Forderungen**, die der **Knabe an das lyrische Ich** stellt. In den Ellipsen *„Tages Arbeit, abends Gäste! Saure Wochen, frohe Feste!"*

(6. + 7. Vers, 5. Str.) ist das **Balladenurteil** zu finden, in dem verkündet wird, **wie man glücklich werden soll**. Hier werden **Antithesen** verwendet. ___/25

76 bis 61 Punkte	60 bis 38 Punkte	unter 38 Punkte
sehr gut bis gut	befriedigend bis ausreichend	nicht mehr ausreichend

___/76

Anmerkungen:
Aufgabe 2: 2 Punkte gibt es für „Kalendergeschichte", 2 Punkte für die Merkmale „belehren und unterhalten".
Aufgabe 3: Für den grün markierten Inhalt gibt es 4 Punkte. (Andere Formulierungen sind möglich.)
Aufgabe 4: Die Formulierungen der Inhaltsangabe sind frei, daher kann das Punkteraster nur eine grobe Orientierung liefern. Für jeden mit Unterstreichung gekennzeichneten Inhalt gibt es einen Punkt, insgesamt also 15 Punkte.
Aufgabe 5: Für jeden grün markierten Inhalt gibt es zwei Punkte.
Aufgabe 6: Für jede so oder ähnlich formulierte Zusammenfassung gibt es zwei Punkte.
Aufgabe 7: Für jede Antwort zu einer Figur gibt es 3 Punkte.
Aufgabe 8: Die Formulierungen sind frei. Das Punkteraster kann nur eine grobe Orientierung liefern. Für jeden mit Unterstreichung gekennzeichneten Inhalt gibt es 1 Punkt, insgesamt also maximal 25 Punkte. Die Nennung weiterer Merkmale ist möglich und kann mit jeweils 1 Punkt verrechnet werden.

Kapitel 6: Bericht und Beschreibung

1/2 Seite 78/79

W-Fragen	Text 1	Text 2
Was?	Fahrt ins Schullandheim	Fahrt ins Schullandheim
Wer?	eine Klasse 7 („wir")	Klasse 7/4
Wo?	?	Schullandheim „Eichengrund"
Wann?	am Montag, für fünf Tage (ungenaue Angaben)	01.–05.09.2008
Wie?	Busfahrt (vier Stunden)	Busfahrt
Warum?	?	Neues über Pflanzen und Tiere lernen
Mit welchen Folgen?	Schüler haben viel gelernt	Schüler schätzen Fahrt als gelungen ein

3 **Text 1 ist kein Bericht**, weil er zu viele persönliche Wertungen und zu wenige sachliche Informationen enthält. Seite 79
Text 2 ist ein Bericht, weil er sachliche Informationen enthält und die W-Fragen beantwortet.

4 So könnte der korrigierte Bericht für die Schülerzeitung abgefasst werden: Seite 80/81
Am 25.09.2008 fanden die Wahlen zum Schülerrat des Johann-Wolfgang-Goethe-Gymnasiums in Seehausen statt. Nach dem Bericht des Schülerratsvorsitzenden Jens Müller aus der 10/5 über das vergangene Schuljahr begann eine Diskussion darüber, warum der Schülerrat in der Schulkonferenz für die neuen Pausenzeiten gestimmt hat. Kritik kam vor allem aus den 8. Klassen. Dem Schülerrat wurde vorgeworfen, die Entscheidung nicht mit den Schülerinnen und Schülern diskutiert zu haben. Anschließend wurde die Wahl durchgeführt. Dem neuen Schülerrat gehören an: Franziska (7/4), Paul (8/3), Ingo (9/2), Jens (10/5), Lisa (12/2) und Jakob (12/4). Als neuer Vorsitzender wurde erneut Jens Müller (10/5) gewählt.

5/6 Seite 82/83

Welche Merkmale treffen zu?	Text 4	Text 5
– im Sachstil geschrieben	Ja	weitgehend
– logisch gegliedert	Ja	Nein, falsche Reihenfolge
– genau geschrieben	Ja	Nein, einige Schritte nur angedeutet

– verständlich abgefasst	Ja	nur teilweise, da wichtige Informationen fehlen
Was muss verbessert werden?	–	Reihenfolge der Teilvorgänge und Genauigkeit
Welcher Beitrag sollte erscheinen?	Text 4 sollte als Beitrag in der Schülerzeitung erscheinen.	Text 5 muss vom Autor oder von der Autorin gründlich überarbeitet werden.

Seite 84/85 7

Teilvorgang	**Was geschieht?**
Homogenisierung	- Zutaten in Premixer - mit Druck von 140 Bar durch Sieb gepresst - Vermischung Milchfett und Wasser durch Verkleinerung der Fettteilchen
Pasteurisierung	Erhitzung auf 80 Grad Celsius, um die Keime abzutöten
Reifung	Eismasse ruht 6 Stunden in gekühlten Behältern
Eismix läuft durch „Freezer"	- Eis läuft durch –27 Grad kalte Kühlrohre - an Kühlrohren gefrorene Masse wird von kreisenden Messern abgeschabt - Eismasse wird mit Luft aufgeschlagen
Formen und Schockgefrieren	- portionsweise Abfüllung des Eises - Erstarrung des Eises im Kältetunnel bei –40 Grad (2 Minuten)

Seite 86/87 8 So könnten die Tabellenfelder ausgefüllt und die Beschreibung formuliert werden:

Teilvorgang	**Was geschieht?**
Einlegen des Eis in Essig	Ein Ei wird in ein Glas mit Essig gelegt. Nach kurzer Zeit bilden sich auf der Oberfläche der Eierschale kleine Bläschen.
Herausnehmen des Eis	Nach 1 bis 2 Tagen wird das Ei herausgenommen und abgespült.
Essig hat den Kalk der Eierschale aufgelöst	Der Essig hat die Eierschale aufgelöst, das Ei wird nur noch vom dünnen Eihäutchen zusammengehalten.
Erklärung	Essig enthält Säure. Diese Säure hat den Kalk aufgelöst, aus dem die Eierschale hauptsächlich besteht. Dabei ist das gasförmige Kohlendioxid entstanden, das in kleinen Bläschen aufsteigt.

Seite 88 **Training plus**

59 W-Fragen: Was? Wer? Wo? Wann? Wie? Warum? Mit welchen Folgen?
60 Ein Bericht wird im Präteritum abgefasst.
61 Eine Beschreibung wird im Präsens bzw. im Perfekt abgefasst.
62 Ein Erlebnisbericht enthält neben sachlichen Informationen auch persönliche Bemerkungen des Verfassers wie Gefühle und subjektive Wertungen.
63 Das Passiv sollte in einem Bericht verwendet werden, wenn die Darstellung der Handlung im Mittelpunkt steht.
64 Vorgangs- und Gegenstandsbeschreibungen.
65 Um einen Vorgang anschaulich und nachvollziehbar zu beschreiben, muss der Ablauf des Vorgangs in zeitlicher und sachlogischer Reihenfolge beschrieben werden.
66 Um einen Vorgang zu beschreiben, muss man ihn zunächst in Teilvorgänge gliedern.
67 Eine Beschreibung wird im Sachstil abgefasst.
68 Eine Beschreibung wird in der Gegenwartsform abgefasst, da gegenwärtige Gegenstände oder allgemeingültige Vorgänge beschrieben werden.
69 Um einen Vorgang anschaulich zu beschreiben, muss man sich auf Ziel und Zweck des Vorgangs, die notwendigen Voraussetzungen und Materialien, die zeitliche und sachlogische Reihenfolge und das Ergebnis konzentrieren.
70 Ein Bericht informiert kurz und knapp, eine Beschreibung ist ausführlicher.

Abschlusstest Seite 89

1 Anmerkung: Die Ergänzungen sind hervorgehoben. Dies ist nur eine Lösungsmöglichkeit. Wichtig ist, dass die Angaben in den Klammern harmonisch in den Text eingebunden werden.
Am 10. September 2007 forderte der 19-jährige Kevin K. **am Marburger Bahnhof** unter Androhung von Gewalt von dem sehbehinderten 33 Jahre alten Olaf F. die Herausgabe von Zigaretten.
Olaf F. reagierte jedoch nicht und ging einfach weiter. **Daraufhin schlug Kevin K. Olaf F. mit der Faust ins Gesicht.** Der Angreifer ahnte jedoch nicht, dass es sich bei seinem Opfer um einen ehemaligen Judo-Weltmeister der Sehbehinderten handelte. Nach Polizeiangaben legte der Mann den Räuber mit wenigen Griffen aufs Kreuz, hielt ihn fest und rief um Hilfe. Ein Passant hörte dies und benachrichtigte die Polizei, die **mit lautem Sirenengeheul** schon **nach wenigen Minuten eintraf** und den 17-Jährigen festnahm. ___/6

2 Die Überschrift könnte lauten: **Räuber überfällt Blinden und gerät an Judomeister** ___/2

3 Die Textteile mussten in der Reihenfolge **e, b, f, c, g, d** angeordnet werden. Dabei kann die Einleitung e) auch weggelassen werden. Seite 90
Gestrichen werden muss a), da diese Informationen Wertungen enthalten und keine allgemeine Bedeutung haben. Ebenso entfällt der Text in der Klammer bei b).
<u>So könnte die korrigierte Vorgangsbeschreibung formuliert werden.</u>
Karotte, Wurzel, Rüebli – die Möhre ist unter vielen Namen bekannt. Ihr wahres Ich verbirgt sie bis zur Ernte im Dunkeln der Erde. Dann kommt die Möhre meist orangefarben zu Vorschein. Doch es gibt von weiß bis schwarz weltweit Dutzende Sorten, eine jede anders gefärbt.
Man kann Möhren aber auch ganz einfach zu Hause anbauen. Je nachdem, wie groß die Möhren sein sollen, ist Erntezeit.
Füllt einen Balkonkasten bis fünf Zentimeter unter den Rand mit Erde. Zieht dann mit einem Stift eine ein Zentimeter tiefe Furche und legt im Abstand von fünf Zentimetern einzelne Samen hinein. Füllt die Furche mit Erde und stellt den Kasten an einen sonnigen bis halbschattigen Platz. Man muss regelmäßig gießen. Die Erde darf nicht zu feucht werden.
Nach ein paar Tagen bricht zartes Blattwerk durch. Wenn dann später die grün gefärbten Köpfe der Möhren aus dem Boden ragen, muss man nochmals Erde aufschütten, um diese zu bedecken. ___/16

4 <u>Eine mögliche korrigierte Beschreibung:</u> Wie lässt sich ein halbes Ei kochen? Seite 91
Zuerst bringt man Wasser in einem Topf zum Kochen, anschließend wird die Herdplatte ausgeschaltet. Ein Ei ohne Schale (vgl. Aufgabe 8, Seite 86) wird auf einen Löffel gelegt und so weit in das nicht mehr sprudelnde heiße Wasser gegeben, dass es nur zur Hälfte eintaucht. Jetzt kann man zusehen, wie die untere Eierhälfte fest und weiß wird, während die obere Hälfte flüssig bleibt. ___/18

42 bis 34 Punkte	**33 bis 21 Punkte**	**unter 21 Punkte**
sehr gut bis gut	befriedigend bis ausreichend	nicht mehr ausreichend

___/42

Anmerkungen:
<u>Aufgabe 1:</u> Unterschiedliche Lösungen sind möglich, aber die ergänzten Angaben müssen sich logisch in den Satz einfügen.
<u>Aufgabe 3:</u> Für die richtige Reihenfolge gibt es 12 Punkte (für jeden Schritt 2). Für jede Streichung gibt es jeweils 2 Punkte, insgesamt also 4 Punkte.
<u>Aufgabe 4:</u> Unterschiedliche Lösungen sind möglich. Für jedes *man*, das ersetzt wird, gibt es 2 Punkte, insgesamt also 12 Punkte. Für jede neue Satzverknüpfung gibt es 2 Punkte. Mindestens drei neue Satzverknüpfungen werden erwartet, sodass dafür insgesamt 6 Punkte berechnet werden. Je nach Lösung sind zusätzliche Punkte für Satzverknüpfungen möglich.

Kapitel 7: Die Argumentation

1–3 Text 1 ist **nicht überzeugend** weil das veranschaulichende Beispiel fehlt. Seite 92/93
Text 2 ist **überzeugend**, weil sowohl eine These als auch eine Erläuterung und ein Beispiel enthalten sind.
Text 3 ist **nicht überzeugend** weil das veranschaulichende Beispiel fehlt.

Die Eintragungen sind hervorgehoben.

Argument	Text 1	Text 2	Text 3
These	Siezen sollte abgeschafft werden.	**Das Siezen sollte abgeschafft werden.**	**Das Siezen sollte nicht abgeschafft werden.**
Erläuterung	**Höflichkeitsfloskel aus vergangenen Jahrhunderten**	Alltagsprobleme verschwinden	**Zwar sind alle gleich, aber es gibt Unterschiede in der Lebenserfahrung.**
Beispiel	**fehlt**	**Soll man z. B. einen Unbekannten am Telefon siezen oder duzen?**	fehlt

Seite 94 4 Die Gegenthesen könnten lauten:

a) Hausaufgaben dienen der Vertiefung des in der Schule vermittelten Unterrichtsstoffes.
b) Die Einführung eines Schulfaches „Gesund essen" führt zu einer Veränderung der Essgewohnheiten und kann damit dazu beitragen, die Anzahl übergewichtiger Kinder in Deutschland zu verringern.
c) Der Schülerrat ist das von den Schülerinnen und Schülern gewählte Organ einer Schule, um die Schülerinteressen zu vertreten.

Seite 95 5 Hier sind Beispiele für eine sprachliche Verknüpfung:

a) Motocross im Wald schadet der Umwelt, **denn** die grobstolligen Reifen der Maschinen reißen den Waldboden auf. **Dadurch** werden Moose und Farne geschädigt. **Aus diesem Grund** geht die Vegetation zurück **und** das Wasser kann nicht mehr gespeichert werden.
b) Ein Nationalpark muss für Menschen gesperrt sein. **Durch** die große Zahl der Touristen, **die** von den Rangern durch den Nationalpark geführt werden, wird die Natur geschädigt. **Das** erkennt man zum Beispiel daran, dass der Lärm der Besucher das Brutverhalten seltener Vögel stört.

Seite 96 6 Sven äußert sich zur Frage, ob die Schule später beginnen sollte. Er behauptet, dass ein späterer Unterrichtsbeginn zu weniger Freizeit am Nachmittag führen würde.

Seite 97 7 Hier sind zwei mögliche Formulierungen.

Argument 1: Die Schule sollte später beginnen. Viele Schülerinnen und Schüler wohnen auf dem Lande und sind auf die Schulbusse angewiesen, sodass sie sehr früh aufstehen müssen. Liane aus der 7/3 beispielsweise fährt fast eine Stunde mit dem Bus, d.h. sie muss schon um 5.30 Uhr aufstehen. Da ist es kein Wunder, wenn sie in den ersten Stunden müde ist.

Argument 2: Die Schule sollte später beginnen. In den letzten Jahren hat sich der Biorhythmus der Menschen geändert. Jugendliche sind den neuesten Forschungen zufolge frühestens ab 8.30 Uhr voll konzentriert. Diese Forschungsergebnisse werden in den Schulen leider noch nicht berücksichtigt, denn die Praxis zeigt, dass die Lehrer ihre Tests meist in den ersten Stunden schreiben, obwohl nachgewiesen ist, dass es einen beträchtlichen Unterschied im Ergebnis zwischen einem Test in der ersten und einem Test in der dritten Stunde gibt.

Seite 98 8 Hier ein Vorschlag für ein drittes Argument: Nur wenn man ausgeschlafen ist, hat man auch gute Laune. Wer bereits morgens mit schlechter Stimmung in die Schule kommt, zettelt schneller Streitigkeiten an. Insofern müsste es im Interesse aller Beteiligten liegen, die Schule später beginnen zu lassen. Ausgeschlafene Schüler hätten sich bestimmt nicht so gestritten wie Liane, Maria und Yvonne es gestern in unserer Klasse getan haben.

9 Das schwächste Argument ist sicherlich Argument 3, weil es wenig nachprüfbare Fakten enthält. Das stärkste Argument ist Argument 2, da es sich auf Forschungsergebnisse berufen kann. Insofern müssten die Argumente, beginnend mit dem schwächsten, in der folgenden Reihenfolge angeführt werden: **Argument 3**, **Argument 1**, **Argument 2**.

Seite 99 10 Franziska schreibt ihre Argumentation für die Schülerzeitung als Entgegnung auf die Meinungsäußerung von Sven. Insofern muss der Beitrag mit einer Einleitung beginnen, in der Bezug auf Svens Beitrag genommen wird. Zum Abschluss sollte die eigentliche Forderung noch einmal wiederholt werden. Die eigentliche Argumentation könnte folgendermaßen aufgebaut sein:
Die Schule sollte später beginnen. Nur wer ausgeschlafen ist, hat auch gute Laune. Wer bereits

morgens mit schlechter Stimmung in die Schule kommt, zettelt schneller Streitigkeiten an. Insofern müsste es im Interesser aller Beteiligten liegen, die Schule später beginnen zu lassen. Ausgeschlafene Schüler hätten sich bestimmt nicht so gestritten wie Liane, Maria und Yvonne es gestern in unserer Klasse getan haben.
Außerdem sollte man berücksichtigen, dass viele Schülerinnen und Schüler auf dem Lande wohnen und auf die Schulbusse angewiesen sind, sodass sie sehr früh aufstehen müssen. Liane aus der 7/3 beispielsweise fährt fast eine Stunde mit dem Bus, d.h. sie muss schon um 5.30 Uhr aufstehen. Da ist es kein Wunder, wenn sie in den ersten Stunden müde ist.
Vor allem gibt die Wissenschaft einer Forderung nach einem späteren Schulbeginn recht. In den vergangenen Jahren hat sich der Biorhythmus der Menschen geändert. Jugendliche sind den neuesten Forschungen zufolge frühestens ab 8.30 Uhr voll konzentriert. Diese Forschungsergebnisse werden in den Schulen leider noch nicht berücksichtigt, denn die Praxis zeigt, dass die Lehrer ihre Tests meist in den ersten Stunden schreiben, obwohl nachgewiesen ist, dass es einen beträchtlichen Unterschied im Ergebnis zwischen einem Test in der ersten und einem Test in der dritten Stunde gibt.

Training plus Seite 99

71 Ein Argument ist die Begründung eines Standpunktes.
72 Eine Argumentation besteht aus Behauptung, Begründung, Erläuterung und veranschaulichendem Beispiel.
73 Das Ziel des Argumentierens besteht darin, den Ansprechpartner vom eigenen Standpunkt zu überzeugen.
74 Eine deduktiv aufgebaute Argumentation beginnt mit dem eigenen Standpunkt und beweist diesen durch die Anführung entsprechender Argumente.
75 Eine induktiv aufgebaute Argumentation beginnt mit den Argumenten und führt erst zum Schluss den eigenen Standpunkt an.
76 Ein Autoritätsargument stützt sich auf die Meinung angesehener Personen.
77 Durch Konjunktionen und Adverbien können sie miteinander verknüpft werden. Seite 100
78 Eine Stoffsammlung ist ungeordnet, alle Gedanken werden aufgeschrieben. In der Gliederung müssen die Gedanken zu Argumenten zusammengefasst und in eine festgelegte Reihenfolge gebracht werden.
79 Eine Argumentationskette besteht aus mindestens drei Argumenten, die sprachlich miteinander verknüpft werden.
80 Eine Gegenthese ist eine einer bereits geäußerten These widersprechende Behauptung.
81 Ein Faktenargument erkennt man an nachprüfbaren bzw. offensichtlichen Tatsachen.
82 Im Arbeitsschritt *Themenanalyse* sollte man folgende Fragen beantworten: Worum geht es? Welche Begriffe müssen geklärt werden? Was wird behauptet?
83 Bei der abschließenden Kontrolle der Argumentation ist darauf zu achten, ob die eigenen Argumente verständlich und überzeugend sind und ob die einzelnen Argumente logisch miteinander verknüpft wurden. Weiterhin muss auf die sprachliche Richtigkeit (Rechtschreibung und Grammatik) geachtet werden.
84 Eine Argumentation ist überzeugend, wenn ein Standpunkt begründet dargestellt wird. Dabei sollten Faktenargumente überwiegen und eine logisch aufgebaute Argumentationskette erkennbar sein.

Abschlusstest Seite 101–103 freie Lösungen

1 Janas These lautet: Lehrerinnen und Lehrer sollten nach klaren und fairen Kriterien bewertet werden.

2 Eine Gegenthese könnte lauten:
Eine Bewertung von Lehrerinnen und Lehrern durch Schülerinnen und Schüler verletzt die Persönlichkeitsrechte der Betroffenen und sollte deshalb nicht gestattet werden.

3–5 Ein inhaltliches Muster kann hier nicht vorgegeben werden. Wichtig ist, dass in der Stoffsammlung alle Gedanken notiert werden (z.B.: Bewertung für Lehrkräfte gibt Lehrerinnen und Lehrern eine Rückmeldung, wie sie bei den Klassen ankommen. Oder: Eine öffentliche Bewertung der Lehrerinnen und Lehrer ist beleidigend, wer legt die Kriterien fest?).

Die daraus gebildeten Argumente müssen klar formuliert sein (Erläuterung und veranschaulichendes Beispiel nicht vergessen!) und sprachlich zu einer Argumentationskette verknüpft werden (Achtung: mit dem schwächsten Argument beginnen).

6 Dieser letzte Arbeitsschritt sollte nie vergessen werden. Achte darauf, ob deine Gedanken klar zum Ausdruck kommen; vermeide Wortwiederholungen und zu lange Sätze. Überprüfe die Rechtschreibung. Schlage im Zweifelsfall nach, z. B. im Wörterbuch.

Anmerkungen zum Abschlusstest:
Bei den Aufgaben 3 bis 6 des Abschlusstestes sind freie Lösungen möglich. Ein festes inhaltliches Muster lässt sich hier nicht vorgegeben. Daher werden für den Abschlusstest des Kapitels 7 keine Punkte vergeben. Um zu überprüfen, wie logisch und überzeugend deine Argumentation ist, solltest du deine Argumentationskette (Aufgabe 5) von einer anderen Person gegenlesen lassen.

Kapitel 8: Stilistik

Seite 104

1 individuelle Lösungen, z. B.:

Freizeitangebot (Substantive)	**Freizeiteinrichtung (Substantive)**	**Freizeitgestaltung (Verben)**	**Freizeitaktivitäten sind: (Adjektive)**
Fußball, Chor, Fotografie …	Musikschule, Tanzgruppe …	erholen, faulenzen, sammeln, lesen, schwimmen …	anregend, unterhaltsam, abwechselungsreich, …

2

Geld	**erzählen**	**Meer**	**Freund**
Finanzen, Zaster, Moneten, Kies, Mäuse, Kröten, Knete, Kohle, Kasse, Mittel	mitteilen, ausführen, schildern	Weltmeer, Ozean, See	Partner, Kamerad, Kumpel, Spezi, Gefährte

Seite 105

3 Die einzusetzenden Wörter lauten der Reihenfolge nach: Kohle (ugs.), Kröten (ugs.), Geld, Kasse (ugs.), Mäuse (ugs.), Mittel.

4 Freund - *Feind*
Ruhe - *Lärm, Krach, Unruhe, Trubel, Bewegung*
aufsteigen - *absteigen, fallen*
schlendern - *rennen, eilen*
nehmen - *geben*
spannend - *langweilig, öde*
hässlich - *schön, hübsch*
aufwärts - *abwärts*
linkerhand - *rechterhand*
für - *gegen, wider*

5 Synonyme für das Verb **sagen** sind z. B. *äußern, bemerken, erklären, erwähnen, reden, sprechen* und *informieren*.

Seite 106

6 *nur selten* (H) - Zeitadverb, *einige Jahrtausende* (ZR) - Substantiv mit Attribut, *bis die Menschen seine Notwendigkeit und seinen Nutzen erkannten* (ZR) - Temporalsatz, *für den Zeitraum* (ZR) - Substantiv mit Präposition, *als sich die Jäger und Fischer zu Hirten und die Sammler zu Ackerbauern entwickelten* (ZR) - Temporalsatz, *Als die Ära der Metalle gekommen war* (ZP) - Temporalsatz, *aus dem Jahre 1420* (ZP) - Substantiv mit Präposition

Zusätzlich können alle Verbformen unterstrichen werden, da auch sie zeitliche Beziehungen ausdrücken. Im Text finden wir Verbformen im Präsens (*gehört, nachdenken, lassen sich datieren*), im Präteritum (*dauerte, erkannten, entwickelten, scheuten, entstanden, handelte, war, entsprach, mussten gezahlt werden*) und im Plusquamperfekt (*gekommen war*).

Seite 107

7 Während Max und Tina die Ausstellung besuchen, machen sie Fotos.
Nach dem Besuch der Ausstellung machen Max und Tina Fotos.
Zunächst besuchen Max und Tina die Ausstellung und dann machen sie Fotos.
Als Max und Tina die Ausstellung besuchen, machen sie Fotos.

8

Ort	Richtung
Im Königreich Schweden, im heutigen Lettland, bei der Bank (2x)	aus Riga, an das schwedische Finanzministerium

9 a) Goldwaage legen, b) Boden stampfen, c) große Glocke hängen, d) Mund nehmen, e) Schranken weisen, f) hohe Kante legen **Seite 108**

10 Folgende Wörter konnten gebildet werden: bergauf, nirgendwo, nebenan, überall, auswärts, hierhin, dorther, herunter, hinüber. **Seite 109**
Fünf dieser Wörter sollten in einem Satz verwendet werden. Freie Lösungen, zum Beispiel:
Die Straße führte immer steil bergauf. Nirgendwo gab es auf der Straße Schatten. Der Nachbar von nebenan hört immer laute Musik. In der Stadt hingen überall Plakate für die Landtagswahl. Lege die Einkäufe bitte hierhin auf den Tisch.

11 Wir treffen uns im Kino. Wir treffen uns neben dem Eingang des Kinos. Wir treffen uns im Foyer des Kinos. Wir treffen uns an der Kasse im Kino. Wir treffen uns vor dem Kino.

12 **Grund:** Für Johann Palmstruch, einen erfolgreichen Kaufmann aus Riga im heutigen Lettland, war der Handel mit den großen und schweren Münzen viel zu mühsam. Ganz besonders natürlich, wenn er sehr viel zu verkaufen hatte oder große Mengen an Waren erwerben wollte. **Seite 110**
Da Palmstruch allerdings das Geld, das er einnahm, nicht nur bei der Bank hinterlegte, sondern es für weitere Geschäfte nutzte,...
Folge: Dafür durfte er für große Kupfermünzen Quittungen ausstellen.
..., musste bald der schwedische Staat einspringen und für das Tauschrecht Banknote gegen Münzgeld garantieren.

13 individuelle Lösungen, z.B.:
Es sollte mehr Geld für Jugendklubs bereitgestellt werden, da sie für viele Kinder und Jugendliche die einzige Möglichkeit bieten, Freizeitangebote zu nutzen.
Wegen unzureichender finanzieller Unterstützung stehen viele Jugendklubs vor dem Aus.
Weil Kinder und Jugendliche sich langweilen und die nötige Betreuung fehlt, kommt es immer wieder zu Auseinandersetzungen oder sogar Straftaten.
Aufgrund der Tatsache, dass viele Eltern lange arbeiten und die Kinder oft allein zu Hause sind, sind Jugendklubs sehr beliebte Treffpunkte.
Deshalb sollte es den Jugendlichen ermöglicht werden, ohne große Kosten an vielfältigen Freizeitaktivitäten teilzunehmen.

Training plus **Seite 110/111**

85 Synonyme sind Wörter mit gleicher oder ähnlicher Bedeutung.
86 Zum Beispiel *laufen, schreiten, rennen, wandern, stolzieren.*
87 Zum Beispiel *Schüler, lernen, Fächer, Lehrer, Unterricht, Stunde, Schulhof, Klassenzimmer.*
88 Antonyme
89 Zum Beispiel *oben – unten, alt – neu, schreien – flüstern.*
90 Anschaulichkeit lässt sich durch bildhafte Ausdrücke und Redewendungen erreichen.
91 Diese Wörter gehören zur Umgangssprache.
92 Man kann z.B. zeitliche, räumliche und Grund-Folge-Beziehungen ausdrücken.
93 Durch Adverbien, Substantive mit Präposition und Nebensätze, d.h. die sprachlichen Mittel können in Form von Einzelwörtern, Wortgruppen oder Teilsätzen auftreten.
94 Zum Beispiel *manchmal, gestern, selten, immer, abends, mittags, nie.*
95 Zum Beispiel *da, dorthin, rechts, oben, hinten, abwärts, vorwärts.*
96 Zum Beispiel *deswegen, so, folglich, demzufolge, darum.*
97 Zum Beispiel *in, am, während, bei, vor, nach, zwischen.*
98 Zum Beispiel *in, an, neben, vor, hinter, zwischen, unter, über.*
99 Zum Beispiel *da/weil...; aus diesem Grunde; darum; die Folge war...*

Seite 112 **Abschlusstest**

1 jemanden zur Weißglut bringen: **aufregen, ärgern**
etwas ins rechte Lot rücken: **korrigieren**
sich die Haare raufen: **verzweifeln, aufregen, ärgern**
in die Röhre gucken: **das Nachsehen haben; fernsehen**
___/5 etwas an den Nagel hängen: **aufhören, aufgeben**

2 individuelle Lösungen, z. B.:
a) Der Zauberer Max legt *zunächst* drei Zwei-Euro-Münzen <u>auf einen Tisch</u> und *dann* einen bunten Zeichenstift <u>dazu</u>. *Danach* stellt er einen Hut mit der Öffnung <u>nach oben</u> <u>daneben</u>. *Während* Max sich umdreht, bittet er einen Zuschauer, folgende Dinge zu tun: *Nachdem* der Zuschauer eine Münze gewählt hat, soll er sie mit einem Buntstift kennzeichnen und die anderen beiden Münzen <u>in den Hut</u> legen. *Nun* soll der Zuschauer die gekennzeichnete Münze <u>in die zur Faust geballte Hand</u> nehmen und langsam laut bis 20 zählen. *Anschließend* wirft der Zuschauer die Münze <u>in den Hut</u>. *Wenn dies geschehen ist*, dreht sich Max zurück und schüttelt den Inhalt des Hutes kurz. *Danach* greift er <u>in den Hut</u> hinein ohne hineinzusehen und bringt die gekennzeichnete Münze zum Vorschein.
(Die Stellen, an denen zeitliche Beziehungen ausgedrückt werden, sind *kursiv* gedruckt.)
___/23 b) Die Stellen, an denen räumliche Beziehungen ausgedrückt werden, sind <u>unterstrichen</u>.

Seite 113 3 Freie Lösungen, z. B.:
Da der Zuschauer zu schnell gezählt hat, ist die Münze nicht warm genug geworden. Max hat zu
___/4 lange mit dem Befühlen der Münze gewartet, sodass sie schon wieder kalt geworden ist.

4 Freie Lösungen, z. B.:
Die Zuschauer warten schon lange ganz gespannt im Saal. Als endlich der angekündigte Zauberer kommt, schwenkt er gekonnt und lässig seinen schwarzen Hut und seinen Zauberstab in der Luft. Dann stopft der Zauberer bunte seidene Tücher in den Hut, aus dem gleich darauf ein prächtiger
___/18 Blumenstrauß erscheint. Daraufhin applaudieren alle begeistert, weil ihnen der Trick gefallen hat.

50 bis 40 Punkte	39 bis 25 Punkte	unter 25 Punkte
sehr gut bis gut	befriedigend bis ausreichend	nicht mehr ausreichend

___/50

Anmerkungen:
<u>Aufgabe 2:</u> Hier sind unterschiedliche Lösungen möglich. Es kommt darauf an, zeitliche oder räumliche Beziehungen logisch auszudrücken.
a) Mindestens sechs Verbindungen werden erwartet, für jede Verbindung gibt es 1 Punkt, insgesamt also 6 Punkte. Erwartet werden außerdem neun zeitliche Beziehungen, für jede gibt es 1 Punkt, insgesamt also 9 Punkte.
b) Erwartet werden neun räumliche Beziehungen, für jede gibt es 1 Punkt.
<u>Aufgabe 3:</u> Für jeden Grund gibt es 2 Punkte.
<u>Aufgabe 4:</u> Für jede Grund-Folge-Beziehung gibt es zwei Punkte, insgesamt also 6 Punkte. Für jedes zeitliche oder räumliche Attribut gibt es 1 Punkt, insgesamt also 12 Punkte.

Glossar

Adjektiv
Eigenschaftswort, Wiewort. Gibt Auskunft darüber, wie etwas ist. Steht vor → Nomen oder im Zusammenhang mit dem → Verb *sein*. Beispiel: *schön, groß, gelb*.

Adverb
Umstandswort. Gibt an, wie man etwas tut. Beispiel: *Er schimpft laut*.

Adverbiale Bestimmung
Umstandsbestimmung. Gibt an, wie, wo, wie oft oder zu welcher Zeit man etwas tut. Beispiel: *hier, morgens, deshalb, mit Bedacht*.

Adverbialsatz
→ Nebensatz, der einen Umstand angibt, z.B. Zeit, Ursache. Beispiel: ..., *weil es spät ist*.

Akkusativobjekt
Satzergänzung im Wen-Fall (4. Fall). Beispiel: *Er mag den Käse*.

Aktiv
Handlungsform des → Verbs. Wird verwendet, wenn das → Subjekt des Satzes handelt. Gegensatz zum → Passiv. Beispiel: *„Er fährt"* statt *„Er wird gefahren"*.

Antonyme
Wörter mit gegenteiliger Bedeutung. Beispiel: *hoch – tief, schön – hässlich*.

Attribut
Nähere Bestimmung eines → Nomens, → Adjektivs oder → Adverbs. Beispiel: *die Straße hinter dem Haus, der Hausmeister der Schule, sehr witzig*.

Dativobjekt
Satzergänzung im Wem-Fall (3. Fall). Beispiel: *Ich gab ihm die Hand*.

Deklinieren
Beugung von → Nomen, → Pronomen, → Adjektiven, Artikeln. Beispiel: *der Baum, des Baumes, dem Baum, den Baum*.

Diphthong
Doppellaut. Beispiel: *ei, eu, au*.

Direkte Rede
Wiedergabe wörtlicher Rede, in Anführungszeichen und im Wortlaut, im Gegensatz zur → indirekten Rede. Beispiel: *Sie sagte: „Ich komme gleich."*

Finalsatz
→ Adverbialsatz, der einen Zweck oder eine Absicht ausdrückt. Beispiel: *Ich gehe jetzt, damit ich den Zug noch erwische*.

Finite Verbformen
Verbformen, die sich je nach Person und Zahl verändern; Gegensatz zu → infiniten Verbformen. Beispiel: *ich lief, du liefst, sie liefen*.

Flektieren
Ein Wort beugen, d.h. → konjugieren oder → deklinieren.

Futur I
Zeitform des → Verbs: Zukunft. Beispiel: *ich werde gehen, du wirst gehen*.

Futur II
Zeitform des → Verbs, drückt eine in der Zukunft abgeschlossene Handlung oder eine Vermutung aus. Beispiel: *Er wird schon angekommen sein*.

Genitivobjekt
Satzergänzung im Wessen-Fall (2. Fall). Beispiel: *Es bedarf Ihrer Hilfe*.

Genus verbi
Verhaltensrichtung des → Verbs, → Aktiv oder → Passiv.

Hauptsatz
Selbstständiger Satz, der alleine stehen kann. Beispiel: *Ich gehe nach Hause*.

Imperativ
→ Modus des → Verbs, Befehlsform. Beispiel: *Geh! Lauf!*

Indikativ
→ Modus des → Verbs, Wirklichkeitsform, im Gegensatz zu → Konjunktiv und → Imperativ. Beispiel: *Er läuft*.

Indirekte Rede
Gibt distanziert und berichtend wieder, was jemand gesagt hat, im → Konjunktiv I und ohne Anführungszeichen, im Gegensatz zur → direkten Rede. Beispiel: *Er sagt, sie sei nach Hause gekommen.*

Infinite Verbformen
Verbformen, die nicht nach Person und Zahl verändert werden, etwa der → Infinitiv oder das → Partizip. Beispiel: *laufen, laufend, gelaufen.*

Infinitiv
Grundform des → Verbs. Beispiel: *gehen, fahren, lesen.*

Kasus
Fall des → Nomens. Beispiel: Genitiv.

Kausalsatz
→ Adverbialsatz, der den Grund für etwas angibt. Beispiel: *…, weil er zu spät war.*

Konditionalsatz
→ Adverbialsatz, der eine Bedingung angibt. Beispiel: *Wenn die Sonne scheint, gehe ich spazieren.*

Konjugieren
Das → Verb beugen. Beispiel: *ich gehe, du gehst, er geht, wir gehen* usw.

Konjunktion
Bindewort, verbindet Wörter, Satzteile oder Sätze. Beispiel: *und, oder, als, weil, dass.*

Konjunktiv I
→ Modus des → Verbs, gibt → indirekte Rede wieder. Beispiel: *Er sagt, sie sei nach Hause gekommen.*

Konjunktiv II
→ Modus des → Verbs, drückt Wünsche, Zweifel, Möglichkeiten oder Unwahrscheinliches aus. Beispiel: *Ich hätte gern Brot. Wenn ich du wäre …*

Konsekutivsatz
→ Adverbialsatz, der eine Wirkung oder Folge ausdrückt. Beispiel: *Das Fenster war so dreckig, dass man nicht mehr hindurchsehen konnte.*

Konsonant
Mitlaut. Beispiel: [b],[d], [f], [g].

Konzessivsatz
→ Adverbialsatz, in dem etwas eingeräumt oder eingeschränkt wird. Beispiel: *Ich friere, obwohl die Sonne scheint.*

Lokalsatz
→ Adverbialsatz des Ortes. Beispiel: *Lass uns dorthin gehen, wo es etwas ruhiger ist.*

Modalsatz
→ Adverbialsatz der Art und Weise. Beispiel: *Ich machte es mir bequem, indem ich mir die Schuhe auszog.*

Modus
Aussageweise des → Verbs: → Indikativ, → Konjunktiv I, → Konjunktiv II oder → Imperativ.

Nebensatz
Steht bei einem → Hauptsatz, kann nicht alleine stehen. Beispiel: *Nachdem ich nach Hause gekommen war, legte ich mich gleich hin.*

Nomen
Substantiv, Hauptwort.

Numerale
Zahlwort. Beispiel: *zwanzig, alle, viele.*

Numerus
Zahlform des → Nomens oder → Verbs: Singular (Einzahl) oder Plural (Mehrzahl).

Objekt
Satzergänzung. → Genitivobjekte, → Akkusativobjekte, → Dativobjekte, → Präpositionalobjekte.

Partizip I
Oder: Partizip Präsens; → Verb, das wie ein → Adjektiv oder → Adverb gebraucht wird. Beispiel: *erwachend, schlafend, kauend.*

Partizip II
Oder: Partizip Perfekt; Verbform, mit der das → Passiv sowie das → Perfekt, → Plusquamperfekt und → Futur II gebildet werden. Beispiel: *ich werde gesehen, ich habe gelacht, sie war gegangen.*

Passiv
Leideform des → Verbs. Das Subjekt eines Satzes handelt nicht selbst, sondern etwas wird mit ihm gemacht. Gegensatz zu → Aktiv. Beispiel: *„Er wird gefahren".*

Perfekt
Zeitform des → Verbs: vollendete Gegenwart. Beispiel: *Er hat gegessen.*

Plusquamperfekt
Zeitform des → Verbs: Vorvergangenheit. Beispiel: *Nachdem ich das gemacht hatte, …*

Prädikat
Satzkern. Besteht aus einem → Verb in der gebeugten Form. Beispiel: *Die Sonne scheint.*

Präposition
Verhältniswort. Beispiel: *in, mit, nach, bei, vor.*

Präpositionalobjekt
Satzergänzung, die mit einer Präposition auf das Prädikat bezogen ist. Beispiel: *Ich stehe vor dir.*

Präsens
Zeitform des → Verbs: Gegenwart. Beispiel: *ich gehe, du gehst, sie geht.*

Präteritum
Zeitform des → Verbs: Vergangenheit. Beispiel: *ich ging, du gingst, sie ging.*

Pronomen
Steht für ein → Nomen. Beispiel: *ich, du, er, sie, es, wir, ihr, sie* (Personalpronomen) und *mein, dein, sein, ihr, unser, euer, ihr* (Possessivpronomen).

Schwache Verben
→ Verben, deren Stammformen durch Anhängen der Endungen -te / -t oder durch Hinzufügen der Vorsilbe ge- gebildet werden. Beispiel: *lachen, lachte, gelacht.*

Starke Verben
Unregelmäßige → Verben, die Formen mit verschiedenen Stammvokalen bilden. Beispiel: *treffen, du triffst, sie traf, er hat getroffen.*

Stimmhafter Laut
→ Konsonant oder → Vokal, bei dessen Erzeugung die Stimmbänder schwingen, Gegensatz zu → stimmloser Laut. Beispiel: [b], [d], [g] in Ball, Dose, Garten.

Stimmloser Laut
→ Konsonant, der ohne Schwingung der Stimmbänder erzeugt wird, Gegensatz zu → stimmhafter Laut. Beispiel: [s] in *Fass*, [p] in *Polizei*.

Subjekt
Satzglied im → Nominativ, nach dem mit der Frage „Wer oder was?" gefragt werden kann. Beispiel: *Der Unterricht fällt aus.*

Substantiv
→ Nomen.

Substantivierung
Umformung von einem → Adjektiv oder → Verb zum → Substantiv. Beispiel: *schön* → *das Schöne; rennen* → *das Rennen.*

Suffix
An ein Wort/einen Wortstamm angehängte Nachsilbe: Beispiel: *Kleidung, lachte.*

Synonyme
Wörter mit ähnlicher oder gleicher Bedeutung. Beispiel: *Sonnabend, Samstag.*

Temporalsatz
→ Adverbialsatz der Zeit. Beispiel: *Als der Zug durch den Tunnel fuhr, …*

Tempus
Zeitform des → Verbs, im Deutschen: → Präsens, → Präteritum, → Perfekt, → Plusquamperfekt und → Futur.

Verb
Tätigkeitswort, Tuwort.

Vokal
Selbstlaut. Beispiel: [a], [e], [i], [o], [u].

Vorgangspassiv
→ Passiv, das die Handlung betont, Gegensatz zu → Zustandspassiv. Beispiel: *Das Auto wird gewaschen.*

Wortstamm
Kern eines Wortes, Ausgangspunkt von Wortbildungen. Beispiel: *herzkrank, die Kranke, erkranken, Krankheit.*

Zahlwort
→ Numerale

Zustandspassiv
→ Passiv, welches das Ergebnis einer Handlung betont, Gegensatz zu → Vorgangspassiv. Beispiel: *Das Auto ist gewaschen.*

Stichwortverzeichnis

Quellenverzeichnis

Textquellen

9 Übung 8, nach: Carina Piewald: Universitätsklinik bietet Hilfe gegen Internetsucht, http://www.welt.de/hamburg/article1682803/Universitaetsklinik_bietet_Hilfe_gegen_Internetsucht.html vom 16.02.2008 (Stand 28.10.2008)
10 Übung 9, aus: Andreas Schlüter: Achtung, Zeitfalle. Arena Verlag, Würzburg 1996, S. 21 f.
12 Übung 12, aus: Andreas Schlüter: Achtung, Zeitfalle. a.a.O., S. 25.
16 Übung 19, aus: Andreas Schlüter: Achtung, Zeitfalle. a.a.O., S. 62.
18 Übung 1, aus: Andreas Schlüter: Achtung, Zeitfalle. a.a.O., S. 77.
19 Übung 1, aus: Andreas Schlüter: Achtung, Zeitfalle. a.a.O., S. 141.
30 aus: Max von der Grün. Vorstadtkrokodile. © cjb-Verlag, München, in der Verlagsgruppe Random House, 2006.
40 Nr. 11, nach: http://www.ozeaneum.de.
42/43 Nr. 2, Nr. 3, aus: Förderverein Müritz-Nationalpark e.V. - Fischadler im Müritz-Nationalpark. 1. Auflage 2006, S. 3.
48 Übung 7, aus: Matthias Schierz: Judopraxis. Programme, Übungen, Lernhilfen, Copyright © 1989 by Rowohlt Taschenbuch Verlag GmbH, Reinbek bei Hamburg..
50 Übung 13, aus: www.judobund.de.
58/59 aus: Peter Berger: Im roten Hinterhaus, Arena, Würzburg 1995.
61/62 Ingrid Kötter: Nasen kann man so und so sehen. Aus: Hans-Joachim Gelberg (Hrsg.): Augenaufmachen. 7. Jahrbuch der Kinderliteratur, © 1984 Beltz & Gelberg in der Verlagsgruppe Beltz, Weinheim & Basel.
64 Bertolt Brecht: Erfolg. Aus: Bertolt Brecht: Werke. Große kommentierte Berliner und Frankfurter Ausgabe, Band 18, © Suhrkamp Verlag, Frankfurt am Main 1995.
65 Bertolt Brecht: Erträglicher Affront. Aus: Bertolt Brecht: Werke. Große kommentierte Berliner und Frankfurter Ausgabe, Band 18, © Suhrkamp Verlag, Frankfurt am Main 1995.
66/67 Heinrich von Kleist: Sonderbarer Rechtsfall in England. Aus: http://gutenberg.spiegel.de/?id=5&xid=1461&Kapitel=22&cHash=d60bd5ed222#gb_found
68 Ernst Jandl: Fünfter sein. In: Gesammelte Werke. Luchterhand Literaturverlag, München 1985.
70 Hermann Hesse: Blauer Schmetterling. Aus: Hermann Hesse: Sämtliche Werke, Band 10: Die Gedichte. Band 1, © Suhrkamp Verlag, Frankfurt am Main 2002.
71/72 Adelbert von Chamisso: Das Riesenspielzeug. In: Ein Fischer saß im Kahne. Die schönsten deutschen Balladen des 19. Jahrhunderts. Aufbau-Verlag, Berlin und Weimar 1974, S. 45 f.
75 Johann Peter Hebel: Der verwegene Hofnarr. In: Das wohlfeile Mittagessen. Hundert Kalendergeschichten des Rheinländischen Hausfreunds, Aufbau-Verlag, Berlin u. Weimar 1981, S. 8 f.
76/77 Johann Wolfgang von Goethe: Der Schatzgräber. In: Meisterballaden. Husum, Hamburger Lesehefte Verlag, 112. Hamburger Leseheft, S. 13 f.
82 Text 4, aus: Geolino, Heft April 2008, S. 54.
84/85 Text 6, aus: Geolino, Heft Juli 2008, S. 62 (aus didaktischen Gründen gekürzt und leicht geändert).
91 Text 3, aus: Geolino, Heft März 2008, S. 38.
112/113 Nr. 2 und 3, nach: Johann Merlin: Zaubertricks für Anfänger und Fortgeschrittene, Falken-Verlag, München in der Verlagsgruppe Random House GmbH, S. 37 f.

Es ist leider nicht in allen Fällen gelungen, die Rechteinhaber ausfindig zu machen und um Abdruckgenehmigungen zu bitten. Ansprüche der Rechteinhaber werden selbstverständlich im Rahmen der üblichen Konditionen abgegolten.

Bildquellen

40 © Johannes-Maria Schlorke, 2008, jms
45 AFLO/F1online, Frankfurt am Main
70 Mauritius Images Mittenwald (Hans Reinhard)